经济发展与统计管理研究

刘 淇 翟茹洁 杨勇新◎著

中国商业出版社

图书在版编目（CIP）数据

经济发展与统计管理研究 / 刘淇，翟茹洁，杨勇新著. -- 北京 : 中国商业出版社，2025. 5. -- ISBN 978-7-5208-3426-1

Ⅰ. F061.3；F222

中国国家版本馆CIP数据核字第2025WS5397号

责任编辑：袁　娜

中国商业出版社出版发行

（www.zgsycb.com　100053　北京广安门内报国寺1号）

总编室：010-63180647　编辑室：010-83128926

发行部：010-83120835/8286

新华书店经销

天津和萱印刷有限公司印刷

*

787毫米×1092毫米　16开　14.75 印张　260千字

2025年 5 月第 1 版　　2025年 5 月第 1 次印刷

定价：68.00 元

* * * *

（如有印装质量问题可更换）

前言

科技的进步和社会结构的变革，为经济发展带来了新的机遇，也对经济管理提出了更高要求。经济发展不再只追求速度和规模上的扩张，而是更加注重发展的质量和可持续性。面对环境保护、资源节约以及社会公平等现代社会的迫切需求，传统的经济发展模式已显得力不从心，探索新型经济发展模式，推动经济向高质量发展阶段迈进，成为统计管理研究领域的重要方向。同时，统计管理在经济发展建设中扮演着重要的角色。科学的统计方法能够精准反映经济状况，为政策制定提供有力依据；有效的管理策略则能优化资源配置，提高生产效率，确保经济稳健前行。在全球化深入发展和市场竞争日趋激烈的背景下，企业管理面临着诸多挑战。如何运用统计管理手段制订科学有效的战略规划，如何提高管理效率以适应快速变化的市场环境，以及如何培养具备统计思维和创新能力的优秀人才，都成为企业管理领域亟待深入研究的重大问题。因此，加强经济发展与统计管理研究，对于推动经济高质量发展、提升国家竞争力具有重要意义。

本书从基础理论、金融经济、运输经济和企业管理四个维度，探讨了现代经济发展的多个方面。在基础理论篇，首先阐述了经济增长的基本概念、影响因素及衡量方法，并探讨了经济高质量发展的推进路径。同时，介绍了统计学的基础知识与其在经济发展中的促进作用，以及经济分析工具——统计指标与指数的应用。金融经济与创新发展篇则聚焦于金融市场的发展、监管体系的重构以及新经济时代下的金融创新。通过深入分析金融市场的要素、结构与交易机制，揭示了金融与经济发展的内在联系。同时，探讨了数字金融背景下金融监管体系的重构，以及互联网经济、数字经济、绿色经济和共享经济对金融发展的影响。运输经济运行与管理篇重点分析了交通运输与物流的经济特性以及道路交通运输的经济管理。通过对比各种运输方式的技术经济特征，揭示了载运工具和运输基础设施的经济特性，并探讨了交通运输经济与物流的关系。企业管理与统计决策篇则从企业管理的要素、生产运作与质量管理，以及统计数据在企业管理中的应用与发展等方面进行深入探讨。

本书旨在为读者提供一套全面、系统的经济发展与管理知识体系，不仅有助于读者把握经济发展的脉搏，更为我国经济的高质量发展贡献智慧和力量。

本书由刘淇（武汉工程大学邮电与信息工程学院）、翟茹洁（郑州商学院）、杨勇新（康保县中医院）所著，感谢贾世琦（中国石油天然气股份有限公司辽阳石化分公司）、曹莉（杭州市轨道交通运行和公用事业保障中心）为本书撰写提供的帮助。

本书在写作过程中，笔者得到了许多专家和学者的帮助与指导，在此表示衷心的感谢。由于笔者的能力有限，加之时间紧迫，书中可能存在一些遗漏之处，希望读者们能够提供宝贵的意见和建议，以便进一步修改，使其更加完善。

目 录

第一篇　基础理论

第二篇　金融经济与创新发展

第三篇　运输经济运行与管理

第四篇　企业管理与统计决策

第一篇　基础理论

第一章　经济增长与经济发展

第一节　经济增长概述

一、经济增长的定义及特征

（一）经济增长的定义

经济增长是指一个社会的潜在产出水平随着时间的推移而提高，或者说是一个社会的生产边界随着时间的推移而向外扩张的现象。1971年美国著名经济学家西蒙·库兹涅茨（Simon Kuznets，1901—1985）根据他的经验统计给经济增长下了一个明确的定义："一个国家的经济增长，可以定义为给居民提供种类日益繁多的经济产品的能力长期上升，这种不断增加的能力是建立在先进技术以及所需要的制度和思想意识之相应的调整的基础上的。"[①]这个定义有以下三层含义。

第一，经济增长集中表现在经济实力的增长上，而这种经济实力的增长就是商品和劳务总量的增加，即国民生产总值的增加。如果考虑到人口的增加和价格的变动，也可以说是人均实际国民生产总值的增加。所以，经济增长最简单的定义就是国民生产总值的增加，而不是其他。例如，经济增长并不等于社会福利的增进或个人幸福的提升，因为国民收入增加是社会福利或个人幸福提升的基础，但在某些情况下，经济增长并不一定能增加社会福利或个人幸福。把经济增长严格限制为国民收入增加，才有可能从不同的角度加以研究。

第二，技术进步是实现经济增长的必要条件。这就是说，只有依靠技术进步，经济增长才是可能的。在影响经济增长的众多因素之中，技术进步是第一位的。一部经济增长的历史就是一部技术进步的历史。技术进步不是经济增长的充分条件。因为技术本身并不能创造任何产出，它必须应用于生产过程中，为劳动

① 王振贤．库兹涅茨的经济增长理论[J]．中共天津市委党校学报，2001（03）：52-55.

力所掌握和运用才能展现知识的威力。而在这个应用的过程中，如果没有相应的制度或者意识作为基础，则即使技术已经进步，它也不会被应用到生产中。

第三，经济增长的充分条件是制度与意识的相应调整。这就是说，只要社会制度与意识形态适合于经济增长的需要，技术进步就能发挥作用，经济增长就是可能的。社会制度与意识形态的某种变革是经济增长的前提。例如，在历史上私有产权的确立实际上是经济增长的起点。只要在这种前提下，技术资本等具体因素就能发挥作用。制度因素往往被人们所忽视，所以，提出这个充分条件是十分必要的。

应该说，这个定义是对各国经济增长历史经验的高度概括，体现了经济增长的实质。因此，这一定义被经济学家广泛接受，并作为研究经济问题的出发点。

（二）经济增长的基本特征

库兹涅茨根据英、法、美等国家近百年的经济增长统计分析，总结了现代经济增长的六大特征。

第一，人均产值和人口呈加速增长的趋势，但人均产值的增长率高于人口增长率。

第二，由于技术进步的推动，生产率不断提高。

第三，经济增长不断改变经济结构，如由农业转向非农业，由工业转向服务业，由单个私人企业转向全国性或跨国公司等。

第四，经济增长伴随着社会结构和意识形态的迅速改变，使传统的思想观念转变为增长、工业化、城市化、国际化等新意识。

第五，经济增长不是一国的独特现象，而是在世界范围内迅速扩大，成为各国追求的目标。

第六，世界各国经济增长不平衡，发达国家和发展中国家之间人均产出水平有很大差异。

库兹涅茨对经济增长含义及特征的分析在当代经济学中有重要的影响。这一定义规定了经济增长的内容、基础和条件，不仅包括量的因素，而且把制度、思想意识等社会条件的改变作为经济增长的重要方面。

二、经济增长的理论基础

根据推动经济增长的动力是来自经济系统内部还是外部，经济增长理论分为内生增长理论和外生增长理论。内生增长理论认为经济能够不依赖外力推动而实现持续增长；外生增长理论则认为经济增长要靠外力推动。由经济系统或经济模型内部因素决定的变量叫作内生变量；由经济系统或经济模型外部因素决定的变量叫作外生变量。

（一）古典增长理论

古典增长理论是19世纪以马尔萨斯（Thomas Robert Malthus）为代表，把人口内生化的一种悲观的增长理论。该理论认为：①在土地供给固定不变的条件下，资本和劳动收益递减。②人口压力使工资处于仅能维持生存的水平。工资高于生存水平，人口就增加；工资低于生存水平，人口就减少；人口在生存工资水平就实现稳定均衡。③当收入扣除地租之后仅能维持工人的生存，不能提供利润时，经济增长停止，实现长期均衡。

（二）新古典增长理论

新古典增长理论是20世纪50年代兴起的，以索洛（Robert Solow）为代表，以资本积累为核心，把技术视为外生变量的一种外生增长理论。该理论认为：①资本积累推动经济增长；②在资本积累的过程中资本收益递减，当资本的边际收益等于资本的机会成本时，资本积累停止，经济增长也随之停止；③技术进步提高了资本收益，推动了资本积累，从而推动经济的增长；④外生的技术进步由机会产生，人们无法控制。

（三）新增长理论

新增长理论，又称内生增长理论，是20世纪80年代中期兴起的，以罗默（Paul M.Romer）和卢卡斯（Robert E.Lucas）为代表，以内生变量作为经济增长动力的一种经济增长理论。该理论认为：①人们出于自身利益的选择推动着人力资本的增长和技术的进步；②经济活动可以复制，经济体不存在收益递减特征；③人类永不满足的需求诱使人们追求利润，不断创新；④资本积累、人力资本增长与技术进步一起，推动生产率的不断提高和经济无止境的增长。

第二节 经济增长的影响因素

在不同的国家、不同的时期，决定经济增长的因素是不同的。

一、影响经济增长的制度因素

制度是构成社会、政治和经济活动的基础框架，它设定了人们的行为规则，明确了社会成员的权利和义务。制度是经济增长的重要决定因素之一，它影响着人们的经济行为选择，进而影响了经济发展的速度和方向。

首先，制度能够规范和激励人们的经济行为。一个健全的制度体系能够保障市场经济的公平竞争，激发人们的创新精神和创业热情，推动资源的高效配置和合理利用。同时，制度还能通过法律手段保护产权，维护市场秩序，为经济发展提供稳定的预期和保障。

其次，制度的建立与完善是经济增长的前提。在经济发展过程中，制度的不断创新和完善能够适应经济环境的变化，满足经济发展的需要。通过改革旧有的不适应经济发展的制度，建立新的符合时代要求的制度，可以为经济增长注入新的活力，推动经济持续健康发展。

因此，制度因素在经济增长中发挥着重要的作用。在制定经济发展战略时，必须充分考虑制度因素的影响，通过深化改革、完善制度来推动经济增长。

二、影响经济增长的资源因素

经济增长是产量的增加，产量是用各种生产要素生产出来的，而各种生产要素又属于资源。因此，增长的源泉是资源的增加。资源包括劳动资源、资本资源与自然资源。

（一）劳动资源

劳动资源包括一国投入的劳动数量和劳动质量。从劳动资源的投入数量看，就业人数越多，劳动资源的投入量就越大。如果就业人口占全部人口的比例是固定的，则劳动资源的投入数量就取决于人口的增长。劳动资源投入的数量也受到劳动时间的影响。如果全部就业人员每天由8小时工作制改为6小时工作制，劳动资源的投入数量也相应减少。但是，在其他条件不变的情况下，单纯依靠就业人数的增加只能增加一国的产出总量，并不一定能够促进人均产出的增长。

劳动质量包括劳动者各个方面的能力，比如所掌握的知识和技能、体力以及价值取向等。许多经济学家指出，在当代，劳动质量比劳动的数量更重要。与低质量的劳动相比，高质量的劳动具有更高的生产率。因此，劳动质量的提高也是经济增长的源泉。劳动力质量的提高相当于低质量劳动的倍加。如果在全部的劳动投入当中，高质量劳动的比例提高了，全部劳动投入量也会增加。在全球化的经济中，机器设备和技术都可以通过进口来获取，但是这些机器设备和技术只有在高质量的劳动力手中才能被有效地利用，技术进步也是依靠高质量的劳动力推动的。因此，发展教育等人力资本的投资可以提高一国劳动力的质量，从而促进经济增长。

（二）资本资源

资本资源包括各种机器设备、生产性建筑物、基础设施等。经济增长中必然有资本的增加。现代经济学认为，在经济增长中，一般的规律是资本的增加要大于人口的增加，即人均资本量是增加的，资本数量的增加是推动经济增长的重要因素。资本的增加必须牺牲现在的消费，提高储蓄率。一般认为，一个国家要保证经济快速增长，至少必须将全部产出的10%～20%用于资本积累。第二次世界大战后西方各国经济增长的事实也表明，储蓄多从而实现资本增加的国家，经济增长率也会比较高。但是必须指出，一个国家经济增长所需要的资本，并不能仅仅依靠私人部门。有些资本的投资规模巨大，非私人企业所能承担；有些则具有很大的外部性，私人企业不愿意承担。这些资本多属于一个社会的基础设施，对于这些基础设施的建设，政府应该承担起相应的责任。

（三）自然资源

主要的自然资源有耕地、森林、石油、天然气、煤炭、金属矿藏、水资源以及环境等。

自然资源可以被区分为可再生的和不可再生的两种，森林是可以再生的，被砍伐的树木旁边会生出新的树木；石油、煤炭等多数矿藏资源是不可再生的。自然资源在经济增长中的作用是显而易见的。一些高收入国家如加拿大、挪威、冰岛、科威特、沙特阿拉伯等，就是凭借其丰富的自然资源，在农业、林业、渔业、石油等方面获得高产而发展起来的，当地人民的生活水平也因此而提高。美国虽然是科技大国，但它之所以成为世界上最大的农作物生产国和出口国主要是因为它拥有广袤的良田，而不是因为有发达的科技。但是，自然资源只能是经济发展取得成功的重要条件而不是必要条件。许多自然资源很少的国家和地区通过发展劳动密集型、资本密集型或技术密集型产业而站在了发达国家或地区的行列，瑞士、日本、新加坡就是这样的典型。这些国家从自然资源丰富的国家进口资源，生产出制成品之后再出口到拥有资源的国家。从地区来看，我国的香港、上海和美国的纽约等地的经济也不受资源条件的约束。山西是我国的能源大省，但山西的经济状况在全国的排名中多年来一直处于中下游水平，说明经济增长仅仅依靠自然资源是不行的。

三、影响经济增长的技术进步因素

技术进步在经济增长中的作用，体现在生产效率的提高。这里所谓的技术进步是广义的，包括科学技术、管理水平和企业家精神等方面。技术进步最终体现在新生产要素的采用、生产过程的改进以及新产品和新劳务的引入等方面。作为一个过程，技术进步不是按照机械的程序进行的。劳动和资本的投入，特别是劳动力质量的提高是技术进步的基础。但是要实现技术进步，还需要有企业家精神以及管理水平等方面的进步，为创新者提供自由、开放的环境和有效的激励。随着经济的发展，技术进步的作用越来越明显。

在传统经济理论中，技术进步常常被视为一个外生变量。随着经济增长理论的发展，内生的技术进步理论渐渐兴起。其基本观点是，技术进步本身就是经济体系的产出，各种新产品、新机器、新知识、新技术都是通过研究开发活动而产生的，这些研究开发活动同样是一种经济活动，也需要投入资本和劳动等生产要素，并获得收益。

第三节　经济发展水平的衡量

由于度量经济发展是一个极其复杂的问题，为了解决这个问题，现在有越来越多的人主张用若干个具体指标组成的综合指标体系来衡量和评价经济发展的水平和质量。

一、GDP增长率

GDP增长率是最重要的衡量经济增长的指标。通常对GDP的定义为：一定时期内（一个季度或一年），一个国家或地区的经济中所生产出的全部最终产品和提供劳务的市场价值的总值。在经济学中，常用国内生产总值（Gross Domestic Product，GDP）和国民生产总值（Gross National Product，GNP）共同来衡量该国或地区的经济发展综合水平。这也是目前各个国家和地区常采用的衡量手段。GDP是宏观经济中最受关注的经济统计数字，因为它被认为是衡量国民经济发展情况最重要的一个指标。一般来说，国内生产总值有三种形态，即价值形态、收入形态和产品形态。从价值形态看，它是所有常驻单位在一定时期内生产的全部货物和服务价值与同期投入的全部非固定资产货物和服务价值的差额，即所有常驻单位的增加值之和；从收入形态看，它是所有常驻单位在一定时期内直接创造的收入之和；从产品形态看，它是货物和服务最终使用减去货物和服务进口。

二、GNP增长率

国民生产总值是指一个国家（地区）所有常驻机构单位在一定时期内（年或季）收入初次分配的最终成果。国民生产总值与社会总产值、国民收入有所区别。一是核算范围不同，社会总产值和国民收入都只计算物质生产部门的劳动成果，而国民生产总值都进行物质生产部门和非物质生产部门的劳动成果计算。二是价值构成不同，社会总产值计算社会产品的全部价值；国民生产总值计算在生产产品和提供劳务过程中增加的价值，即增加值，不计算中间产品和中间劳务投入的价值。国民收入既不计算中间产品价值，也不包括固定资产折旧价值，即只计算净产值。

国民生产总值反映一个国家的经济水平。按可比价格计算的国民生产总值，可以反映不同时期、不同地区的经济发展速度（经济增长率）。国民生产总值的计算方法有三种：①生产法（或称部门法），是从各部门的总产值（收入）中减去中间产品和劳务消耗，得出增加值。各部门增加值的总和就是国民生产总值。②支出法（或称最终产品法），即个人消费支出+政府消费支出+国内资产形成总额（包括固定资本形成和库存净增或净减）+出口与进口的差额。③收入法（或称分配法），是将国民生产总值看作各种生产要素（资本、土地、劳动）所创造的价值增加总额。因此，它以工资、利息、租金、利润、资本消耗、间接税净额

（间接税减政府补贴）等形式，在各种生产要素中间进行分配。这样，将全国各部门（物质生产部门和非物质生产部门）的上述各个项目加以汇总，即可计算出国民生产总值。国民生产总值是最重要的宏观经济指标，它是指一个国家或地区的国民经济在一定时期（一般一年）内以货币表现的全部最终产品（含货物和服务）价值的总和。

此外，国民收入（NI）增长率、工业增加值增长率、恩格尔系数、人均国内生产总值增长率、主要工业产品产量增长率、财政收入增长率都是衡量一个国家经济发展的指标。

第四节　经济高质量发展的推进

党的二十大报告提出“高质量发展是全面建设社会主义现代化国家的首要任务”，新时代的中国将主要以高质量发展推进中国式现代化。新时代中国经济高质量发展的内涵非常丰富，本节拟重点谈三项主要任务——“数实共生”、消费“新双极”和“双碳”目标。

一、“数实共生”赋能数智时代高质量发展

过去十年，我国在数字经济领域特别是以数字经济与商业模式为主的诸多结合领域，实现了对发达国家的“弯道超车”，数字经济与商业模式的创新融合成为支撑我国经济可持续增长的重要源泉之一。但同时我们也要清醒地认识到，当前我国数字经济与商业模式在诸多领域的融合发展过程中，存在着程度不等的“数字泡沫”现象，这一现象对中国经济高质量发展的支撑效应已逐渐逼近其潜力上限。若想让数字经济对中国经济高质量发展形成更加持续的支撑作用，就必须实施数字经济与以制造业为主的实体经济部门的深度融合发展模式，即“数实共生”。

“数实共生”的理念是将数字技术和实体经济深度融合，相辅相成，相互促进，一体化发展。两者的协同效应体现在：数字技术有助于改善用户体验，促进企业转型，优化产业结构，增强国家经济实力。与此同时，实体经济的应用需求也为数字技术带来了广阔的发展空间。两者相互促进产生的倍增效应、乘数效应将极大推动经济发展速度和规模扩张，进入良性发展阶段。数字经济助推我国经

济高质量发展，不仅体现在数字经济与商业模式等应用场景的融合方面，也体现在数字经济、人工智能与以制造业为主的实体经济部门深度融合领域，还体现在“软科技”和“硬科技”深度融合领域。只有如此，才能构成支撑我国经济高质量发展的核心内生动力机制。

党的二十大报告强调，“加快发展数字经济，促进数字经济和实体经济深度融合，打造具有国际竞争力的数字产业集群”，“坚持把发展经济的着力点放在实体经济上，推进新型工业化，加快建设制造强国、质量强国、航天强国、交通强国、网络强国、数字中国”。由此可见，我国已明确要将数字经济作为经济高质量发展的重要新动能，也为实体经济的发展厘清了方向。

在我国经济由高速增长阶段转向高质量发展阶段的关键时期，发展重心从要素驱动转向创新驱动，从注重规模经济转变为注重质量效益。因此，运用数字化技术发展数字经济，注重数字产业化和产业数字化，并以实体经济为基础，将数字经济和实体经济进行深度融合，以此来推动经济发展质量变革、效率变革、动力变革，是贯彻落实新发展理念，实现经济高质量发展的关键路径。“数实共生”具有广阔的发展前景，能够为中国经济的提速换挡和转型升级提供更加可靠的保障，为提升经济运行效率注入数字新动力。“数实共生”需要国家层面、产业层面、企业层面、个人层面协同推进。

从国家层面看，“数实共生”就是推动数字技术和实体经济深度融合、共同发展，不断夯实数字产业化基础，加快产业数字化步伐，全面建设新基建，提升整体经济运行效率与质量。新基建是实现“数实共生”的基本保障，将创造巨大的市场空间，加速传统产业数字化升级。国家发展和改革委员会于2020年给出定义是：新型基础设施是以新发展理念为引领，以技术创新为驱动，以信息网络为基础，面向高质量发展需要，提供数字转型、智能升级、融合创新等服务的基础设施体系，包括信息基础设施、融合基础设施和创新基础设施三大类。

从产业层面看，“数实共生”就是推动形成数字化产业链。传统产业通过数字技术改进设计、研发、生产、制造、物流、销售、服务，创造新业态、新模式，实现产业结构调整和创新升级。“数实共生”的价值主要体现在：一是通过赋智、提质、增值促进传统产业转型升级，直接推动资源产出效率提升，即“技术效应”；二是通过变革传统商业市场，为数字产业化提供市场空间，让资源实现新的更优配置，即“配置效应”。

从企业层面看，“数实共生”就是企业数字化转型。企业是经济高质量发展的主体，数字经济时代，各个企业都会面对客户的新变化、技术的新架构、行业的新生态，要想持续生存与发展，就必须加强自身能力建设，包括但不限于洞察客户的能力、坚实的技术能力、强大的生态能力和智能化的组织能力。“数实共生”将为企业开辟新的发展空间，促使企业基于自身特色再造新业务和新业态，并从文化、客户、智能、运营、工作等五大方面加速转型升级，成为适应未来环境的生产和经营主体。

从个人层面看，“数实共生”将使个人的数字生活和现实生活无缝衔接，贯穿工作、生活、学习、社交、娱乐等各个方面，是以人为中心的数字化的真实体现。随着消费互联网向产业互联网发展，用户的身份将更加多元，应用场景也更加丰富。未来碎片化的时间和空间，都有望被数字技术更有效地重新连接、分割与整合，按用户需求及时组合形成数字化的场景、商品与服务，使人、科技与社会更好地协同发展。

二、消费“新双极”与城乡消费协同驱动国内大循环

作为拉动经济增长的“三驾马车”之一，消费已成为我国经济增长的第一驱动力。《扩大内需战略规划纲要（2022—2035年）》明确强调，“坚定实施扩大内需战略、培育完整内需体系，是加快构建以国内大循环为主体、国内国际双循环相互促进的新发展格局的必然选择，是促进我国长远发展和长治久安的战略决策”。党的二十大报告要求“把实施扩大内需战略同深化供给侧结构性改革有机结合起来”。当前，制约我国经济发展的因素，既在供给侧，也在需求侧。需求侧的问题主要是消费需求存在总量不足和结构不合理。供给侧的问题主要是结构不适配。因此，构建新发展格局，扩大国内需求，需要把实施扩大内需战略同深化供给侧结构性改革有机结合起来，通过挖掘需求潜力、促进需求升级来优化产业结构，增加高端产品供应、减少过剩产能，以创新驱动和高质量供给引导创造新需求。在这方面，未来的重点任务是积极适应和利用消费群体双极化趋势，推动城乡消费协同，驱动国内大循环。

数字原生代与银发群体的消费频率与消费量级将不断提升，从而形成消费“新双极”。数字原生代是指大约出生于1980年至2000年在数字科技背景下孕育成长的新时代公民。他们从出生起就身处数字化科技环境中，具备数字原生能

力，对科技类产品与服务展现出极强的开放性与适应性，形成了与上代人完全不同的世界观和消费观。根据消费心理学，人们在少年时代形成的消费内容与偏好将伴随其一生。因此，未来随着数字原生代消费者逐步成长为消费主力，他们在拥有较为宽裕的可支配资金时，将更持续偏好科技类、娱乐类的产品与服务，数字原生代将成为消费群体的“一极”。

消费群体的另一极是老龄人口，即银发群体。银发群体已成为消费市场的重要人群，老龄化消费或将成为未来中国消费增长和消费升级的重要驱动力。2021年12月，国务院印发《“十四五”国家老龄事业发展和养老服务体系规划》，明确把大力发展银发经济列为总体要求的基本原则，并提出具体措施。随着劳动人口红利逐渐消退，中国社会老龄化程度会不断加深，这也将给银发经济带来新的机遇。医疗健康、保健养老、家政服务、金融理财等相关的产品与服务在银发群体内的消费占比会逐步提升，带动相关产业的生产、供给和消费，从而助推社会产业升级，形成新的经济发展动能。

从地域方面看，以电商为代表的数字化服务向低线城市下沉将促进城乡消费协同。2022年，《关于进一步释放消费潜力促进消费持续恢复的意见》指出，要大力发展绿色消费，充分挖掘县乡消费潜力，推进消费平台健康持续发展，进一步夯实消费高质量发展基础。低线城市与乡村作为下沉市场，在我国消费版图中逐渐崛起，具备较大的发展潜力，将成为扩大内需、刺激消费的重要引擎。但其用户数量多、范围大、分布散的固有属性导致了其服务成本相对较高，很大程度上制约着消费潜力释放。因此，要完善低线城市和乡村的商业体系，加强数字化平台的赋能作用，优化农村消费供给，进一步促进下沉市场消费潜力释放。城市需求和乡村供给匹配助力城乡要素和产品双向流动，形成与一线城市协同的城乡二元消费新格局。

三、“双碳”目标倒逼结构减碳

实现“双碳”目标，是我国的重大战略决策，也是贯彻新发展理念、构建新发展格局、推动经济高质量发展的重要抓手，将促进经济社会广泛而深刻的变革。我国实现“双碳”目标的时间紧、幅度大、困难多、任务异常艰巨。尽快达峰和长期快速减排可以有效限制二氧化碳累积排放量，而越晚实现二氧化碳净零排放，所需要的非二氧化碳类温室气体减排幅度就越大，更深层次的社会、经济和能源系统转型也就会相应延迟，从而使我国2060年实现碳中和面临巨大挑战。

在碳排放自主贡献目标下，我国需要逐步压缩高污染、高能耗、高排放行业占经济的比重，倒逼经济、产业、能源结构转型升级，加强绿色技术创新，从化石能源向可再生能源转变，大力发展清洁能源，最终推动经济高质量发展。关于碳减排路径，可通过资源增效减碳、能源结构降碳、工业过程脱碳、地质空间存碳、生态系统固碳和市场机制融碳等多种路径实现“双碳”目标。结构性减碳又是重中之重，“双碳”目标倒逼结构性减碳主要体现在三个方面。

一是能源结构绿色转型。碳达峰与碳中和的深层次问题是能源问题，可再生能源替代化石能源是实现“双碳”目标的主导方向。能源绿色低碳转型是推动经济高质量发展，加速实现“双碳”目标，有效促进经济、社会和环境可持续发展的重要途径。但长期以来，我国能源资源禀赋被概括为“一煤独大”，具有“富煤贫油少气”的特征，严重制约减排进程。因此，构建清洁低碳高效安全的能源生产和消费体系是必然趋势。

二是产业结构优化升级。产业是经济发展的核心和基础。“双碳”背景下，亟须转变经济发展方式，形成节约资源和保护环境的产业结构。由于我国经济在未来很长一段时期内仍将保持中高速增长，城镇化进程还在继续推进，因此，如何进一步优化升级产业结构，有效压减高耗能工业产品需求，建成以绿色低碳循环发展为主要特征的现代产业体系，是我国2030年前实现碳达峰目标的关键工作和重大挑战。此外，由于我国地区间资源禀赋与发展情况迥异，在推动产业结构优化升级过程中，不能一刀切，需要充分考虑本地实际，推动区域经济和产业协调发展。

三是市场结构合理化。科学合理的碳定价机制有助于推动实现“双碳”目标。碳定价在执行层面主要包括碳税和碳交易机制两种形式。碳税是政府通过税收直接确定碳价格，以弥补碳的市场价格缺失。碳交易机制是建立一个碳交易市场，在政策设定的排放总量限制下由参与市场的交易主体形成均衡价格。两者各具优势和劣势，如果政策设计得当，都可以发挥积极作用。碳定价是应对气候变化影响、解决负外部性问题进而纠正市场失灵的一种手段，可从根本上改变当前人们将排放空间视为公共物品的错误认知，给予二氧化碳排放量以市场属性，刺激技术创新和市场创新，给经济增长注入新的低碳动力，被认为是应对气候变化最主要的市场化政策工具。

第二章　统计学基础与经济发展

第一节　统计的产生与发展

统计，作为一种社会实践活动，其根源深植于人类经济社会的发展进程之中，是治国理政与管理活动的内在需求所催生的产物。从原始社会的初步萌芽到现代社会的广泛应用，统计经历了漫长而曲折的发展历程，至今已积淀了四五千年的历史底蕴。而统计学，作为对统计实践活动的经验总结和理论概括，其形成与发展则相对较晚，仅有三百多年的历史。

一、统计的萌芽与早期发展

统计作为一种基本的人类活动，其雏形可以追溯到原始社会的末期。在那个时代，人类为了记录生活中的大小事务，采用了结绳记事、结绳计量的方法。正如郑玄在《周易正义》中所描述的："事大，大结其绳；事小，小结其绳；结之多少，随物众寡。"这种原始的记录方式，虽然简陋，却标志着统计思想的初步萌芽。

随着社会的进步，统计活动逐渐从简单的记事发展到更为复杂的国情统计。据皇甫谧《帝王世纪》的记载，早在四千多年前的夏朝，为了治国和治水的需要，就已经进行了初步的国情统计。当时，全国人口约为1355.39万人，土地约为2430.8万顷。这些统计数字不仅为国家的治理提供了基础数据，还根据山川土质优劣、人口物产及贡赋多寡，将全国地理划分为"九州"，并实行了"上中下三等九级"的贡赋制度。此外，夏朝还有"四极"调查点的选择和年、季、月、"二分二至"与365天的划分，这些都显示了早期统计活动的系统性和科学性。

到了秦朝，统计活动得到了进一步的发展。公元前300年左右，著名政治家商鞅在《商君书•去强》中提出了反映国家综合实力的"十三数"，包括疆内仓廪、人口、壮男壮女、老弱、官吏、士人、以言说取食者、利民、马牛刍藁等各方面的统计数字。商鞅强调，要使国家富强，必须了解这些基本的统计数字，以便制定正确的治国方针和政策。否则，即使地大物博、民众众多，国家也会因情况不明、决策失误而逐渐衰弱。秦朝统一中国后，全国被划分为三十六郡，人口统计为两千多万人，这标志着统计活动在国家治理中的重要作用已经得到了充分的认识和应用。[①]

同时期的其他文明古国也有类似的统计活动。在埃及，早在公元前2700—前2500年建造金字塔时，为了征集所需财物和征用劳力，就对全国人口、劳力、居民财力、世袭领地、农业生产和军队等进行了统计。古罗马在公元前400年也制定和实施了出生、死亡登记制度。这些早期的统计活动虽然主要是为了满足统治阶级征税和徭役的需要，但它们无疑为人类统计思想的发展奠定了坚实的基础。

二、统计制度的建立与完善

统计在治国和管理中的重要作用逐渐引起了各国政府的高度重视。为了更好地发挥统计的作用，许多国家都建立了统计调查和统计报告制度，并成立了相应的国家统计机关。

据史书记载，早在我国周朝就已经有了作为治国八法之一的“官计”制度。这一制度要求各级管理部门每到年终都要编制核算报告，用统计核算的方法治理经济和管理国家。这标志着我国早期统计制度的建立。然而，比较健全的国家统计制度和国家统计机关则始于近代。

1848年瑞士联邦制确立后，逐步建立了国家层面的统计机构与人口登记制度，为现代瑞士统计工作提供了组织保障和制度支持。随后，法国、普鲁士、荷兰、奥地利、比利时、挪威、俄国等国家也相继设立了国家统计局或统计委员会。这些国家统计机构的建立大大促进了统计理论在社会经济和各门科学中的应用和发展。

到了20世纪初，随着世界经济的快速发展和国际交流的日益频繁，统计工作的国际化趋势也日益明显。国际统计组织如国际统计学会、联合国统计司等相继成立，为各国统计工作的交流与合作提供了平台。同时，国际统计标准和规范的制定和实施也推动了统计工作的规范化和标准化。

中国在现代统计制度的建设方面也取得了显著成就。1906年，清政府设立了

---

① 雷思友，刘伟．统计学 [M]. 徐州：中国矿业大学出版社，2017：3.

统计局，标志着中国现代统计制度的初步建立。中华人民共和国成立后，统计工作得到重视，并快速发展。国家统计局作为全国的统计主管部门，负责组织和协调全国的统计工作。同时，各地也相继建立了地方统计局和统计机构，形成了完善的统计体系。

在现代社会，统计工作已经成为国家治理和经济社会发展的重要支撑。政府通过统计工作了解国情国力、制定政策规划、监测经济发展、评估社会进步；企业通过统计工作分析市场动态、优化生产流程、提高经济效益；科研机构通过统计工作探索科学规律、推动技术创新、促进社会发展。

第二节　对统计学的基本认识

一、统计的含义

统计就其本身的性质而言，一般包括三层含义，即统计工作、统计资料和统计学。

（一）统计工作

统计工作，即统计实践，涉及收集、整理、分析以及研究统计数据资料的整个过程。统计工作自古以来便在人类历史上占有一席之地。随着时代的演进，统计工作不断进步和完善，如今已成为国家、部门、机构乃至个人了解和改变客观与主观世界的重要工具。通常，我们简称为统计。例如，当一位统计师描述自己的职业时，他可能会说他从事统计工作。这里提到的统计，指的就是统计实践。

（二）统计资料

统计资料构成了统计活动的核心内容，涵盖了收集、整理、分析及研究的全过程及其成果。无论是个人、集体、社会，抑或是国家、部门、事业、企业乃至科研机构，均需依赖统计数据资料。例如，电视台、广播电台以及报纸杂志中所提及的“据统计”中的“统计”，即指统计数据资料。统计资料亦可简称为统计。

（三）统计学

一般来说，统计学是对研究对象的数据资料进行收集、整理、分析和研究，以显示其总体的特征和规律性的学科。统计学的研究对象是客观事物的数量特征和数据资料。统计学是以收集、整理、分析和研究等统计技术为手段，对所研究对象的总体数量关系和数据资料去伪存真、去粗取精，从而达到显示、描述和推断被研究对象的特征、趋势和规律性的目的。统计学也可简称为统计。例如，我们所学的统计课，实际指的就是统计学课程。

统计的三层含义既有区别也有联系。统计资料是统计工作的成果，统计学则是统计工作和统计资料的理论概括，而统计学形成的理论又指导着统计工作；统计工作一方面受统计理论的指导，另一方面又检验统计理论的正确与否，并推动和促进统计理论的发展。统计学与统计工作、统计资料之间的关系表明：统计理论来源于统计实践，反过来又为统计实践服务，统计理论与统计实践是辩证统一的。

二、统计学研究对象及研究方法

（一）统计学的研究对象概述

统计学的研究对象是自然和社会经济现象总体的数量方面，即现象总体的数量特征和数量关系。数量特征具体是指总体现象的规模、水平、结构、比例等，数量关系是指各种平衡关系、依存关系、质量互变的数量界限等。

人们常说统计以客观事物的数量方面作为研究对象，这是针对统计工作来说的。任何一个部门的统计工作，都以与它相关的客观事物的数量方面作为自己的研究对象，通过调查、整理、分析，以数字为语言，用规模、水平、速度、结构和比例，去反映一定时间、地点条件下客观事物的数量表现、数量关系和数量变化等数量特征，以达到认识事物的性质、掌握事物运动的规律和指导人们的社会实践的目的，这样才能发挥统计的整体功能。

但是，统计科学作为统计工作经验的科学抽象和理论概括，并不是直接研究客观事物的数量方面，而是研究统计工作的规律，将人们长期从事统计设计、统计调查、统计整理和统计分析的正反两方面的经验加以科学的抽象，升华为正确进行统计设计、统计调查、统计整理、统计分析的理论和方法，以指导人们正确地进行统计实践，提高统计工作的社会效益和经济效益。所以，统计学的研究对象是统计工作的规律，即收集、整理和分析统计数据的方法，是一门方法论科学。

（二）统计学研究对象的特点

1. 数量性

统计离不开数字，数字是统计的语言。社会经济统计研究的目的是通过数据认识社会经济发展变化的过程和规律，提高社会经济管理水平。这一点使统计学区别于哲学、经济学、政治学、历史学等学科。对社会经济现象的认识最终必须把质与量统一起来。社会经济统计对社会经济现象和数量方面的研究，要以对社会经济现象的定性认识为基础。例如，要了解和研究国民收入的数量、构成和变化，首先必须了解什么是国民收入，其价值和实物形态是什么；其次才能根据这种认识去确定国民收入的经济内容、统计范围和计算方法。

2. 总体性

统计遵从由个体数量到总体数量的认识逻辑。也就是说，统计的数量研究是要对大量普遍存在的事实进行综合研究，对调查取得的大量资料加以综合汇总，得出反映现象总体的数量特征，说明现象变化的规律。例如，研究居民的消费水平，每个居民的消费水平千差万别，变化情况也复杂多样，但全体居民的消费水平却相对稳定，变化有规律可循。统计研究的总体性并非排斥对个体单位的研究，以通过大量观察得出的综合数量特征形式来研究社会经济发展过程，必然会出现一般化和抽象化，因此，必要地抽取个别单位来深入细致地分析具体事实和过程，可以帮助我们更好地把握总体现象的规律性。

3. 具体性

统计学的研究对象是社会经济客观现象的数量方面和数量特征，具有明确的现实含义。数学是研究事物的抽象空间和抽象数量的科学，而统计学研究的数量是客观存在的数量表现。也就是说，统计不像数学那样研究抽象的量，而是研究与客观事物的质密切相关的量，是体现事物相互关系和发展变化的量，具有明显的时空特点和事物属性特点。统计不能离开事物的质去研究事物的量，研究事物量的目的也在于认识事物的质及其发展变化的规律。也就是说，统计不研究抽象的量，不应该为统计而统计。

统计学研究对象的这一特点也正是统计工作必须遵循的基本原则。正因为统计的数量是客观存在的、具体实在的数量表现，它才能不以人们的主观意志为转移。统计资料作为主观对客观的反映，必然是存在第一性、意识第二性，存在决定意识，只有如实地反映已经发生的具体客观事实，才能为我们进行统计分析研究提供可靠的基础，才能分析、探索和掌握事物的统计规律性。虚假的统计数据资料是不能成为统计数据资料的，因为它违背了统计学研究对象的这一特点。统计学毕竟是反映和研究社会经济现象量与量的关系的，因此，在具体计算中又必须遵循数学原则使用多种数学方法。例如，用数学模型表现事物与事物之间量的关系。

4. 变异性

统计研究对象的变异性是指构成统计研究对象的总体各单位，除了在某一方面必须是同质的以外，在其他方面又要有差异，而且这些差异并不是由某种特定的原因事先给定的。例如，高等院校这个统计对象，除了都从事高等教育的教学活动这一共同性质之外，各高等院校在隶属主管部门、院校性质、招生规模、专业设置等方面存在差异。

三、统计学的研究方法

统计学研究现象的性质和特点，决定着统计学的研究方法。统计学的基本研究方法很多，主要有大量观察法、统计分组法、综合指标法、统计推断法和统计模型分析法。

（一）大量观察法

大量观察法是指对要研究事物的全部或足够多的单位进行观察的方法。这一方法主要用于统计调查工作阶段。在统计调查中，无论是全面调查还是非全面调查都必须采用这一方法。因为统计要研究社会经济现象总体的数量特征，而社会经济现象是受各种因素影响和作用的。如果只选择其中一部分单位进行观察，观察的结果往往不足以代表总体的一般特征，因此，只有对总体的全部或足够多的单位进行观察并加以分析，才可以使现象中的非本质和偶然因素相互抵消，从而反映现象总体的数量特征。

大量观察法既可以在全面调查中使用，如统计报表、普查等，也可以在非全面调查中使用，如重点调查、抽样调查等。它是统计调查工作中应遵循的法则，但调查中也可以对个别单位进行深入调查。例如，典型调查是对大量观察法的总体进行补充，以便深入细致地说明社会经济现象。

（二）统计分组法

统计分组法是根据统计研究的目的和任务，将统计调查所得到的大量资料，按照一定的标准将其总体划分成不同的类型或组，即同类相聚、异类相分，以便进行汇总和总体内部结构分析，从而达到正确运用指标来表明事物本质与规律的目的。统计分组法主要适用于统计整理工作阶段，但在统计调查、统计分析等阶段，也都有自己独特的意义。因此，统计分组法既是统计研究中的一种基本方法，也是统计分析中的一种重要方法。

（三）综合指标法

综合指标法是指通过计算各种综合指标，研究和说明现象本质的综合数量特征。任何一种具体的社会现象，最终都可以归入某个指标范畴。统计指标反映的不是个别现象的数量特征，而是经过汇总、综合的总体的某项数量特征，所以统计指标也称综合指标。统计指标一般有总量指标、相对指标、平均指标等形式。统计分析中其他各种统计方法，如时间序列分析、指数分析、相关分析等都是以综合指标为基础的。因此，综合指标法是统计分析中的基本方法，它主要应用于统计分析工作阶段。

（四）统计推断法

统计推断法是以一定的置信标准，根据样本数据来推断总体数量特征的一种方法。在统计研究中，我们所观察的单位常常是部分单位或少数单位，而要判断的总体对象的范围却是极大的。这就需要根据样本数据，对全部总体数量的特征作出具有一定置信度的判断。例如，调查10‰的城市居民的收入水平，就可以推断出城市全部居民的收入水平；调查1‰的农田的收获量，就能推断出万亩农田的收获量。总之，随着市场调查在市场经济中发挥着越来越重要的作用，统计推断方法也越来越被广泛重视，并成为统计研究的基本方法。

（五）统计模型分析法

统计模型分析法是根据一定的经济理论和假设条件，用数学方程去模拟客观经济现象相互关系的一种研究方法，如相关分析、回归分析和统计预测。利用这种方法可以对现象及其发展过程中存在的数量关系进行比较完整和全面的描述，显示所研究的综合指标之间的关系，从而简化客观事物存在的复杂的其他关系，以便利用模型对所关注的现象变化进行评价和预测。统计模型包括三个基本要素：经济变量、基本关系式、模型参数。

第三节　统计工作对经济发展的促进

统计工作作为经济发展的重要组成部分，通过收集、整理和分析各类数据，为决策者、企业和投资者提供了重要的参考和依据。统计数据不仅反映了经济的现状和发展趋势，还揭示了经济中的问题和潜在机遇。

一、统计工作对企业投资产生的影响

企业在作出投资决策时，需要全面了解市场的需求情况、竞争格局以及潜在的机遇和风险。统计工作通过收集、整理和分析大量的数据，为企业提供了丰富的信息资源，帮助企业作出明智的投资决策。以下是统计工作对企业投资的几个具体影响。

（一）提供市场洞察

统计数据是揭示市场需求情况、消费趋势和行业发展动向的宝贵资源。企业可以通过分析统计数据，深入了解市场的规模、增长率、消费者偏好以及购买行为等信息。这些信息对于企业调整产品和服务的定位，以满足消费者需求很重要。例如，通过统计数据，企业可以发现某一类别产品的市场需求正在快速增长，从而决定加大在该领域的投资力度，以抓住市场机遇。

此外，统计数据还能帮助企业识别新兴市场和潜在的增长机会。通过对不同地区、不同年龄段、不同收入水平的消费者数据进行分析，企业可以发现新的细分市场和潜在消费群体。这些信息对于企业选择合适的投资方向和战略具有指导意义。企业可以依据这些数据，制定针对性的市场营销策略，以开拓新市场，增加市场份额。

（二）分析竞争态势

统计数据不仅可以反映企业自身的经营情况，还能提供整个行业的竞争格局。通过分析竞争对手的统计数据，企业可以了解其市场份额、销售额、利润率等关键指标，从而评估自身在市场中的位置和竞争力。这对于企业制定相应的竞争策略至关重要。例如，如果统计数据显示竞争对手在某一产品领域具有显著的市场份额优势，企业可以考虑通过差异化竞争策略，如推出新产品、提供优质服务等方式，来争夺市场份额。

同时，统计数据还能帮助企业评估行业内不同企业的竞争优势和劣势。通过对行业内各企业的财务数据、市场表现、技术创新能力等方面进行分析，企业可以找出自身的优势和不足，以及竞争对手的弱点和机会。这有助于企业在市场竞争中找到差异化的发展方向，提升自身的核心竞争力。

（三）评估投资风险

企业在进行投资决策时，必须充分考虑市场的稳定性、经济环境、政策法规等因素对投资的影响。统计工作提供了相关数据，帮助企业评估市场的风险和不确定性。例如，通过统计数据，企业可以了解市场的通货膨胀率、利率水平、政府支出等宏观经济指标，从而预测市场的整体风险和可能的收益。这有助于企业在投资决策中进行风险管理和资产配置，确保投资的安全性和回报性。

此外，统计数据还能帮助企业评估特定投资项目的风险。通过对历史数据、行业数据以及市场调研数据进行分析，企业可以了解投资项目的市场前景、技术可行性、财务状况等方面的信息，从而评估项目的风险水平和潜在回报。这有助于企业作出更加明智的投资决策，避免盲目投资和风险过大的项目。

（四）支持资本市场决策

在资本市场中，投资者需要依据可靠的数据来评估企业的财务状况和发展潜力。统计工作提供了企业财务数据、行业比较数据、市场指标等关键信息，帮助投资者进行投资分析和决策。对于企业而言，这些数据也是支持其战略规划的重要依据。

企业在制定长期发展战略时，需要全面了解宏观经济状况、行业趋势、消费者行为等因素的影响。通过对统计数据的深入分析，企业可以获得关键的信息，如经济增长预测、人口结构变化、市场细分等。这些信息有助于企业找到合适的战略方向，明确发展目标和发展路径。

同时，统计数据还能帮助企业评估不同战略选项的潜在风险和回报。通过对不同战略方案进行模拟和预测，企业可以了解各种方案可能带来的财务结果和市场影响，从而选择最优的战略方案。这有助于企业优化决策过程，提高决策的科学性和准确性。

（五）评估投资回报和绩效

统计工作在企业投资过程中扮演着评估投资回报和绩效的重要角色。通过对统计数据的分析，企业可以衡量投资项目的效益和回报率，评估投资决策的可行性和盈利潜力。这有助于企业及时了解投资项目的进展情况，发现问题并采取措施加以解决。

同时，统计数据还能帮助企业监测和评估自身的绩效指标，如销售额、利润率、市场份额等。通过对这些指标进行定期跟踪和分析，企业可以了解自己的经营状况和市场表现，从而进行内部控制和业绩改进。这有助于企业不断提高自身的经营效率和市场竞争力，实现可持续发展。

二、统计工作对社会公平的促进作用

社会公平，作为社会发展的基本目标，涵盖了资源的公正分配、机会的平等获取以及社会利益的共享等多个维度。它不仅是衡量社会进步的重要标尺，也是维护社会稳定和促进和谐发展的基础。[①]统计工作，作为收集、分析和发布社会经济数据的重要手段，为政府和社会各界提供了客观、准确的信息基础，对于促进社会公平的实现发挥着重要的作用。

（一）数据公开与透明

统计工作通过公开和发布统计数据，为社会各界提供了对社会经济现象的客

① 和晒琴．浅析统计工作对经济发展的促进作用 [J]. 市场瞭望，2023（18）：64.

观描述和评估。数据的公开和透明，是消除信息不对称、促进公平决策的关键。在信息不对称的情况下，部分群体可能因缺乏必要的信息而处于不利地位，导致资源分配不公、机会不均等问题。而统计数据的公开，使得社会各方都能了解到社会资源分配、收入分配、教育和就业机会等方面的实际情况，从而确保决策的公正性和合理性。

例如，政府可以通过发布就业数据，让公众了解不同行业、不同地区的就业状况和趋势，为求职者提供有价值的参考信息。同时，这些数据也能为政策制定者提供决策依据，帮助他们制定更加符合市场需求的就业政策，促进就业机会的平等获取。

（二）发现和纠正不平等

统计数据是揭示社会不平等现象和问题的有力工具。通过深入分析不同社会群体之间的数据差异，我们可以清晰地看到贫困地区与富裕地区之间的贫富差距、城乡之间的教育资源差异、不同性别之间的就业歧视等问题。这些数据的呈现，不仅让社会各界对不平等现象有了更加直观的认识，也为政府采取有针对性的措施提供了科学依据。

政府可以根据统计数据反映的问题，制定相应的政策来纠正不平等现象。例如，针对教育资源分布不均的问题，政府可以加大财政投入，优化教育资源配置，确保每个孩子都能享受到优质的教育资源。同时，政府还可以通过统计数据来跟踪不平等现象的变化趋势，评估政策措施的效果，并及时调整政策方向，以确保公平的实现。

（三）支持社会福利政策

社会福利政策是确保社会困难群体基本权益和生活保障的重要手段。而统计数据为政府制定社会福利政策提供了科学依据。通过分析统计数据，政府可以了解社会群体的需求状况、贫困程度、社会保障覆盖情况等关键信息，从而制定出更加符合实际需求的福利政策。

例如，政府还可以通过统计数据来评估福利政策的效果和影响，及时调整政策方向，确保福利资源的公平分配。这不仅有助于提高社会福利政策的针对性和有效性，也能更好地保障困难群体的基本权益。

（四）监测社会问题和风险

统计工作有助于监测社会问题和风险，及时发现和解决不公平现象。通过收集和分析统计数据，政府可以了解社会群体的就业状况、健康状况、环境状况等重要指标的变化趋势和影响因素。这些数据不仅可以帮助政府识别社会问题的根源和影响，还能为政府采取相应的措施提供科学依据。

例如，通过监测就业数据，政府可以及时发现就业市场的变化和趋势，为求职者提供就业指导和培训服务。同时，政府还可以通过监测健康数据来了解公众的健康状况和需求，为制定医疗卫生政策提供数据支持。这有助于政府及时发现和解决社会问题，促进社会的公平和稳定发展。

（五）确保决策的公正性和科学性

统计数据为政府和决策者提供了客观的依据，确保决策的公正性和科学性。在决策过程中，政府需要考虑各种因素，如社会群体的需求、利益平衡等。而统计数据作为客观、准确的信息来源，可以为决策者提供对不同群体情况和需求的全面描述。

基于统计数据，决策者可以更加清晰地了解不同社会群体的实际情况和需求，从而制定出更加公正、合理的政策。这有助于避免不公平的政策偏向和歧视，保障社会的公平和正义。同时，统计数据还可以为政策评估提供科学依据，帮助政府及时调整政策方向，确保决策的有效性和可持续性。

三、统计工作对可持续发展的支持

可持续发展，作为人类社会发展的长远目标，旨在实现经济、社会和环境的和谐共生，确保当前时代的需求得到满足的同时，不损害未来世代满足其需求的能力。这一理念的实践，依赖于科学、准确的数据信息作为支撑，而统计工作正是提供这一支撑的关键环节。通过收集、分析和发布大量的数据，统计工作为评估和监测可持续发展目标的实现提供了必要的信息基础，其在可持续发展中的支持作用体现在多个方面。

（一）数据基础与指标体系

统计工作为可持续发展提供了坚实的数据基础和科学的指标体系。可持续发展涉及经济、社会和环境等多个领域，每个领域都有其特定的指标来衡量发展的状况和进度。统计工作通过系统地收集和整理这些数据，构建起了一套全面、系统的可持续发展指标体系。

在经济领域，统计数据可以反映经济增长的速度、质量、结构和效益，如GDP增长率、产业结构比例、能源利用效率等。这些数据为评估经济发展的可持续性提供了重要依据，帮助政策制定者了解经济发展的现状和未来趋势，从而制定更加符合可持续发展要求的经济政策。

在社会领域，统计数据则涵盖了人口、教育、就业、健康、收入分配等多个方面。例如，通过统计人口数据，可以了解人口结构的变化和人口素质的提升情况；通过统计教育数据，可以评估教育资源的分配和教育质量的提升；通过统计就业数据，可以了解就业市场的状况和劳动力的流动情况。这些数据为制定社会政策和促进社会公平提供了有力支持。

在环境领域，统计数据则关注环境污染、生态破坏、资源消耗等方面。通过统计环境数据，可以了解环境质量的状况和变化趋势，评估环境政策的实施效果，为制定更加有效的环境保护措施提供科学依据。

（二）资源管理与效率提升

统计数据在资源管理和效率提升方面也发挥着重要作用。可持续发展要求实现资源的合理利用和高效配置，而统计数据正是实现这一目标的关键工具。

通过对统计数据的深入分析，可以了解资源的消耗和供需状况，评估资源利用的效率和可持续性。例如，在能源领域，统计数据可以揭示能源消费的结构和趋势，帮助政府制定更加合理的能源政策，推动能源的高效利用和清洁转型。在水资源领域，统计数据可以反映水资源的分布和利用情况，为水资源管理和保护提供科学依据。在土地利用方面，统计数据可以揭示土地资源的利用状况和变化趋势，为土地规划和利用提供决策支持。

此外，统计数据还可以揭示资源利用中存在的问题和瓶颈，为政府和企业提供改进和优化的方向。通过数据驱动的资源管理，可以实现资源的合理配置和高效利用，推动可持续发展的实现。

（三）环境保护与生态系统监测

统计工作在环境保护和生态系统监测方面也发挥着重要作用。通过对统计数据的收集和分析，可以了解环境污染、生物多样性丧失、气候变化等问题的程度和趋势，为制定环境保护措施提供科学依据。例如，在空气质量监测方面，统计数据可以反映空气质量的状况和变化趋势，评估空气污染治理的效果。在水环境质量监测方面，统计数据可以揭示水体的污染状况和污染源，为水环境保护和治理提供决策支持。在生物多样性保护方面，统计数据可以反映生物多样性的变化和威胁因素，为生物多样性保护提供科学依据。

同时，统计数据还可以用于监测生态系统的健康状况和生物多样性的变化。通过定期收集和分析生态系统数据，可以了解生态系统的结构和功能状况，评估人类活动对生态系统的影响，为生态环境保护提供有力支持。

（四）监测与评估可持续发展目标的实现

统计工作在监测与评估可持续发展目标的实现方面也发挥着重要作用。通过收集和分析相关数据，可以评估可持续发展目标的进展情况，并提供及时的反馈和调整建议。

统计数据可以帮助政府和决策者了解各个领域的发展趋势，如经济增长、社会进步、环境改善等。通过对这些数据的深入分析，可以及时发现发展中存在的问题和挑战，为政府提供调整和优化政策的依据。同时，统计数据还可以为公众提供了解可持续发展进展情况的途径，提高公众对可持续发展的认识和参与度。

总之，在经济发展中，统计工作扮演着不可或缺的角色。通过对统计数据的收集、分析和发布，统计工作为政府决策提供了客观准确的信息基础，为企业投资提供了市场导向的指引，促进了社会公平的实现，并支持可持续发展的推进。统计工作帮助政府和决策者更好地了解经济、社会和环境的状况，以制定有效的政策和措施。它在促进资源优化配置、监测社会问题、保障决策公正性等方面发挥了重要作用。然而，统计工作面临着一些挑战，如数据质量的保证、统计能力的提升和统计制度的完善等。因此，政府和统计机构需要不断加强统计工作的能力建设，以确保统计数据准确可靠，为经济发展提供更好的支持。

第三章　经济分析工具：统计指标与指数

第一节　常用统计指标解读

统计工作既然是从经济现象的数量方面来认识经济活动，那么就要借助于统计指标。用统计指标去概括和分析现象总体的数量特征和数量关系的方法，就叫综合指标法，简称综合指标。综合指标可从其功能与方法特征的角度归纳为三类：总量指标（亦称绝对指标）、相对指标以及平均指标。这三类指标构成了统一的综合指标体系，既可视为统计整理的成果，也是开展统计分析的基础与工具。在统计分析过程中，这三类指标不可或缺，其应用方式与加工方法仅因研究目标的不同而有所差异。

一、总量指标

（一）总量指标的概念与作用

总量指标是反映社会经济现象在一定时间、地点、条件下的总规模或总水平的统计指标。总量指标也称为绝对指标或绝对数。其表现形式是绝对数，但与数学中的绝对数不同，它不是抽象的绝对数，而是一个有名数。例如，2019年我国全社会固定资产投资总额为560874.3亿元。有时，总量指标还可以表现为总量之间的绝对差数，例如，2019年我国国内生产总值比上年增加71584亿元。

总量指标在社会经济统计中的作用，具体表现如下。

第一，它可以反映一个国家的基本国情和国力，反映某部门或单位等人、财、物的基本数据。例如，掌握了一个国家在一定时间的人口总数、劳动力数量、钢铁产量、粮食产量等总量指标，就能对这个国家有个基本认识。又如，我们掌握了一个企业某产品的年产量、员工人数等总量指标，就可以对这个企业的生产规模、生产水平有个概括的了解。

第二，它是制定政策、编制计划、实行社会经济管理的基本依据之一。例如，进行国民经济的供给与需求的平衡、物资的收支平衡、财务的借贷平衡与核算，都须应用总量指标。又如，要分析某种重要物资的生产、分配、消费、积累的平衡关系，首先就要掌握上述各个环节的总量指标，否则是无法进行具体分析的。

第三，它是计算相对指标、平均指标以及各种分析指标的基础指标，其他指标都是总量指标的派生指标。因此，总量指标正确与否直接影响其他指标的计算结果。

（二）总量指标的种类划分

1. 按反映的内容不同划分

总量指标按其反映的内容不同，分为总体单位总量和总体标志总量。

总体单位总量表示的是一个总体内所包含的总体单位总数，即总体本身的规模大小如企业数、学校数、员工人数、学生人数等。总体标志总量是总体各单位某种数量标志值的总和，是说明总体特征的总数量，如总产量、总产值、工资总额、税金总额等。一个总量指标究竟属于总体单位总量还是总体标志总量，应由研究目的不同和研究对象而定。例如，对于学生人数这一总量指标，当学校作为总体时，它就是总体标志总量；当学生作为总体时，它就是总体单位总量。

2. 按反映的时间状况不同划分

总量指标按其反映的时间状况不同，分为时期指标和时点指标。

时期指标反映现象在某一时期发展过程的总体数量，如一定时期的产品产量、产值、商品销售量、工资总额等。时点指标反映现象在某一时刻（瞬间）上状况的总量，如人口数、企业数、商品库存数、流动资金额等。

时期指标和时点指标各自有不同的特点：①时期指标的数值是连续计数的，它的每一个数值表示现象在一段时期内发生的总量，如一月的总产值是一月中每天产值的总和；而时点指标的数值是间断计数的，它的每一个数值表示现象发展到一定时点时所处的水平，如年末的员工人数，是指年初的员工人数经过一年的变动后至年末实有的员工人数。②时期指标具有累加性，即各期数值相加可以说明现象在较长时期内发生的总量，如一年的总产值是各月产值之和；而时点指标不具有累加性，即各时点数值相加是没有意义的。③时期指标数值的大小受时期长短的制约，如一年的总产值必然大于一月的总产值；而时点指标数值的大小与时点间的间隔长短无直接的关系，如年末的员工人数不一定比某一月末的员工人数多。因此，在应用时期总量指标时，应明确统计数字所属的时期范围。例如，某企业利润额20万元，应说明这是哪一段时期的利润。而对时点总量指标，则要注意它的时刻特性。例如，某企业5月初员工人数500人，指的是4月30日和5月1日之间的人数，所以它和上月末人数是同一数字，而5月1日的人数是5月1日末的人数，经过5月1日一整天的变化，已经不一定是500人了。

（三）总量指标的计量单位

总量指标的计量形式都是有名数，都有计量单位。根据总量指标所反映现象的性质不同，其计量单位一般有实物单位、价值单位和劳动单位三种。

1. 实物单位

实物单位是根据事物的外部特征或物理属性而采用的单位。它又分为以下几种。

自然单位。如鞋以“双”为单位，桌子以“张”为单位，拖拉机以“台”为单位等。

度量衡单位。度量衡单位是以已经确定出的标准来计量实物的质量、长度、面积、容积等的单位，如吨、千米、米等。

复合单位。两个单位的乘积，如货物周转量用“吨·千米”计量，电的度数用“千瓦·时”计量等。

双重单位。用两种或两种以上的单位结合起来进行计量，如起重机的计量单位是“台/吨”，货轮用“艘/马力/吨位”计量。

标准实物单位。标准实物单位是按照统一的折算标准来计量实物数量的一种单位。其主要用于计量存在差异的工业产品和农产品，为了准确地反映其总量，需要把各产品按照一定的标准折合成标准品再相加。例如，把含氮量不同的化肥都折合成含氮100%的标准化肥，把各种能源都折合成热量值为7000 kcal/kg的标准煤等。以实物单位计量的总量指标称为实物指标。

2. 价值单位

价值单位也称为货币单位，它是以货币作为价值尺度来计量社会财产和劳动成果。例如，国内生产总值、城乡居民储蓄额、外汇收入、财政收入都必须用货币单位来计量，常见的货币单位有美元、欧元等。用货币单位计量的总量指标称为价值指标。价值指标具有十分广泛的综合能力，在国民经济管理中具有重要的作用。

3. 劳动单位

劳动单位主要用于企业内部计量工业产品的数量。它是用生产工业产品所必需的劳动时间来计量生产工人的劳动成果。企业根据自身的生产状况制定出生产单位产品所需的工时定额，再乘产品的实物，即可得到以劳动单位计量的产量指标——劳动量指标，也称为定额工时总产量。

二、相对指标

社会经济现象是相互联系的。为了分析现象总体的数量关系，就要将有关的指标加以比较，这时须运用相对指标。相对指标又称相对数，它是两个有联系的指标数值对比的结果。用来对比的两个数，既可以是绝对数，也可以是平均数和相对数。例如，人口密度是人口数与土地面积两个绝对数之比。相对指标的特点是把两个对比的具体数值概括化或抽象化，使人们对事物有一个清晰的概念。

（一）相对指标的作用

相对指标的主要作用如下。

第一，能具体表明社会经济现象之间的比例关系。总量指标反映现象总体的规模、水平的情况，其发展速度是快、是慢、是大、是小难以看出，而相对指标是把有关指标联系起来进行比较分析，能把问题的实质和全貌反映出来。例如，2001年至2019年我国国内生产总值平均每年增长9.0%。其中，第一产业增长3.9%，第二产业增长9.4%，第三产业增长9.8%。

第二，能在一些不能直接对比的事物中找出共同比较的基础。例如，甲、乙两家企业，甲企业生产皮鞋，乙企业生产化妆品，我们不能根据两家企业的生产水平直接评价它们经营的好坏。但是，产值计划完成程度、产值利润率、产值发展速度等相对指标就使它们有了共同的比较基础，从而能被相互比较。

第三，相对指标便于记忆、易于保密。在一定情况下，相对指标比总量指标说明问题突出、给人印象鲜明，从而便于人们记忆。例如，2024年，我国全年国内生产总值1349084亿元，比上年增长5.0%。在社会经济指标中，有些绝对数是不便公之于众的，但为了公布其发展状况，则可以用其发展速度等相对指标。

相对指标的表现形式有两种：一种是有名数，另一种是无名数。有名数是将对比的分子指标和分母指标的计量单位结合使用，以表明事物的密度、普遍程度和强度等。例如，人口密度用人/平方千米，平均每人分摊的粮食产量用千克/人等。无名数是一种抽象化的数值，一般分为系数、倍数、成数、百分数、千分数等。

系数或倍数是将对比的基数看作“1”。两个数对比，其分子数值与分母数值相差不多时，可用系数形式表示，如固定资产磨损系数、工资等级系数、结构比例系数等。反之，分子数值与分母数值相差很大时，则常用倍数，例如，我国2019年社会融资规模增量为25.67万亿元，是2011年的2倍。

成数是将对比的基数看作“10”。例如，粮食产量增加一成，即增长1/10。这里的成数是对十分数的一种习惯叫法。

百分数是将对比的基数看作“100”。它是相对指标中最常用的一种表现形式。当相对指标中的分子数值和分母数值较为接近时，采用百分数较合适。1/100用“1%”表示。

千分数是将对比的基数看作“1000”。它适用于对比的分子数值比分母数值小得多的情况。例如，人口出生率、人口自然增长率等多用千分数表示，1/1000用“1‰”表示。

（二）相对指标的种类及其计算方法

基于研究目的、任务和对比基础的不同，相对指标通常分为：计划完成相对指标、结构相对指标、比例相对指标、比较相对指标、强度相对指标和动态相对指标。现将各种相对指标的计算方法和作用介绍如下。

1. 计划完成相对指标

（1）计划完成相对数的概念。它是用来检查、监督计划执行情况的相对指标，通常以“%”表示，又称计划完成百分比。其计算公式为：

$$计划完成相对数=\frac{实际完成数}{计划数}\times 100\%$$

用这个公式计算出来的相对数，表示计划的完成程度，而子项数值减母项数值的差额（正或负）则表明执行计划的绝对效果。

（2）计划完成相对数的计算。在实际应用中，因计划指标既有可能是总量指标，也有可能是相对指标或平均指标，所以在具体计算时，要根据情况采用不同的方法。

第一，根据总量指标计算计划完成相对数。设某企业某年计划工业增加值为200万元，实际完成220万元，则

$$增加值计划完成相对数=\frac{220}{200}\times 100\%=110\%$$

$$超额完成的绝对值=220-200=20（万元）$$

计算结果表明，该企业超额10%完成增加值计划，超产20万元。

第二，根据相对指标计算计划完成相对数。在经济管理中，有些计划任务数是以本年计划数比上年实际数提高或降低多少的相对数来表示的，如劳动生产率提高率、成本降低率、原材料利用率降低率等。例如，某企业生产某产品，本年度计划单位成本降低6%，实际降低7.6%，则

$$成本降低率计划完成相对数=\frac{1-7.6\%}{1-6\%}\times 100\%\approx 98.29\%$$

计算结果表明，成本降低率比计划多完成1.71%。

第三，根据平均指标计算计划完成相对数。其计算公式为

$$计划完成相对数=\frac{实际平均数}{计划平均数}\times 100\%$$

此公式可以用来检查单位成本计划完成情况、平均工资计划完成情况等。

设某企业某月生产某产品，计划每人每日平均产量为50件，实际每人每日平均产量为60件，则

$$劳动生产率计划完成相对数=\frac{60}{50}\times 100\%=120\%$$

计算结果表明，该企业超额20%完成了计划任务。

（3）计划执行进度的考核。如果实际完成数所包含的时期只是计划期的一部分，这种情况被称为计划执行进度。它不是在计划期末，而是在计划执行的过程中来进行计算的。一般适用于检查计划的执行进度和计划执行的均衡性。其计算公式为：

$$计划执行进度=\frac{累计完成数}{全期计划数}\times 100\%$$

以检查年度计划的进度为例，上式中累计完成数是指从年初至报告期止的逐日、逐月或逐季实际完成的累计数，全期计划数是指全年的计划任务数。

（4）长期计划的检查。下面以5年计划为例来说明这个问题。根据客观现象的性质不同，5年计划指标数值的规定有水平法和累计法两种方法，即有的规定计划期末应达到的水平，有的规定全期应完成的累计总数，因而统计上检查5年计划的完成情况，亦有水平法和累计法之分。

其一，水平法。水平法是在5年计划中只规定最后一年应达到的水平，如钢产量、粮食产量、社会商品零售额等。用水平法检查5年计划执行情况的公式为：

$$5年计划完成程度=\frac{5年计划末年实际达到的水平}{5年计划规定的末年水平}\times 100\%$$

提前完成5年计划的时间：在5年中，从前往后考查，只要有连续一年时间（不论是否在一个日历年度，只要连续12个月即可），实际完成的水平达到了计划规定的最后一年的水平，就算完成了5年计划，所余时间即为提前完成5年计划的时间。

其二，累计法。累计法是在5年计划中规定5年累计完成量应达到的水平，如基本建设投资额、新增生产能力、新增固定资产等。用累计法检查5年计划执行情况的公式为：

$$5年计划完成程度=\frac{5年计划期间实际达到的水平}{5年计划规定的末年水平}\times 100\%$$

提前完成5年计划的时间：在5年中，从期初往后连续考查，只要实际累计完成数达到计划规定的累计任务数，即为完成5年计划，所余时间为提前完成5年计划的时间。

例如，某5年计划的基建投资总额为2200亿元，5年内实际累计完成2240亿

元，则

$$5年计划完成程度=\frac{2240}{2200}\times100\%\approx101.8\%$$

假定2016年至2020年基建投资总额计划为2200亿元，实际至2020年6月底止累计实际投资额已达2200亿元，则提前半年完成计划。

（5）计划完成相对数的作用。计划完成相对数的作用是：①可以准确地说明各项计划指标的完成程度，为搞好经营管理提供依据；②可以反映计划执行进度，以便及时发现问题，提出措施，推动经济建设的良好发展；③可以反映经济计划执行中的薄弱环节，鼓励执行计划的落后者向先进者看齐，为组织新的平衡提供依据。

2. 结构相对指标

总体是在同一性质基础上由各种有差异的部分所组成的。结构相对指标就是利用分组法，将总体区分为不同性质（差异）的各部分，以部分数值与总体全部数值对比而得出比重或比率，来反映总体内部组成状况的综合指标。其计算公式为：

$$结构相对数=\frac{总体部分数值}{总体全部数值}\times100\%$$

结构相对数一般用百分数表示，各组比重总和等于100%或1。其分子和分母可以同是总体单位数，也可以同是总体的标志数值。当然，分子数值仅是分母数值的一部分。

结构相对数是统计分析中常用的指标，其作用如下。

第一，可以反映总体内部结构的特征。通过对总体中各部分所占比例的计算与分析，可以清晰地了解到各个部分在整体中的地位和作用，从而把握总体的基本构成和主要特点。这种对内部结构的深入剖析，为后续的决策制定提供了有力的数据支撑。

第二，能够揭示事物的变化过程及其发展趋势。通过对比不同时期的结构相对数，可以观察到各部分比例的变化情况，进而把握整体的发展动态。这种动态的分析方法，有助于及时发现并应对潜在的问题和挑战，确保事物的稳健发展。通过不同时期相对数的变动，可以看出事物的变化过程及其发展趋势。

第三，能反映对人力、物力、财力的利用程度及生产经营效果的好坏。例如，工业企业对成本构成进行分析，有利于发现成本项目中的薄弱环节，以便采取改进措施，降低成本。又如，企业中的工时利用率、设备利用率等一些利用率指标以及产品的合格率、废品率等，均是利用结构相对数反映的。

第四，结构相对数可用于分析加权算术平均数指标的大小及其变动的原因。

3. 比例相对指标

比例相对指标是同一总体内不同组成部分的指标数值对比的结果，用来表明总体内部的比例关系。其计算公式为：

$$比例相对数=\frac{总体中某部分数值}{总体中另一部分数值}$$

比例相对指标可以用百分数表示，也可以用一比几或几比几的形式表示。例如，2019年年末中国大陆总人口140005万人，其中，城镇人口84843万人，乡村人口55162万人，则城镇人口与乡村人口的比例可表示为61∶39，也可以表示为1∶0.7。分析总体中若干部分的比例关系时也可采用连比形式。例如，我国2019年三次产业固定资产投资（不含农户）额为551478亿元。分产业看，第一产业固定资产投资额12633亿元，第二产业163070亿元，第三产业375775亿元，则三次产业固定资产投资比例可表示为2.3∶29.6∶68.1。

比例相对指标对于国民经济宏观调控具有重要意义。利用比例相对指标可以分析国民经济中各种比例关系，如国内生产总值中三次产业比例、农林牧渔业总产值中农林牧渔业比例、基建投资中三次产业投资比例等，从而调整不合理的比例，促使国民经济稳步协调发展。

4. 比较相对指标

比较相对数又称类比相对数，是将两个同类指标作静态对比得出的综合指标，表明同类现象在不同条件（如在各国、各地、各企业）下的数量对比关系。其计算公式为：

$$比较相对数=\frac{某条件下的某类指标数值}{另一条件下的同类指标数值}\times 100\%$$

式中，分子与分母所属统计指标的含义、口径、计算方法和计量单位必须一致。比较相对数一般用百分数或倍数表示。例如，某年有甲、乙两家企业同时生产一种性能相同的产品，甲企业工人劳动生产率为19307元，乙企业为27994元／人，则

$$两家企业劳动生产率比较相对数=\frac{19307}{27994}\times100\%\approx69\%$$

计算结果表明，甲企业工人劳动生产率比乙企业低31%。

计算比较相对数时，作为比较基数的分母可取不同的对象。一般有两种情况：①比较标准是一般对象。如上例，分子与分母概括为甲、乙两家企业，这时，既可以用甲比乙，即劳动生产率之比为69%，也可以用乙比甲，即劳动生产率之比为145%（或乙是甲的1.45倍）。也就是说，这种情况下的分子与分母的位置可以互换。②比较标准（基数）典型化。例如，将本企业产品的质量、成本、单耗等各项技术经济指标都和国家规定的水平比较，和同行业的先进水平比较，和国外先进水平比较等，这时，分子与分母的位置不能互换。

比较相对数可以用总量指标进行对比，也可以用相对指标或平均指标进行对比。但由于总量指标易受总体范围大小的影响，因而，计算比较相对数时，更多地采用相对指标或平均指标。

比较相对数的作用主要是对事物发展在不同地区、不同部门、不同企业或不同个人之间进行比较分析，以反映现象之间的差别程度。另外，计算比较标准典型化的比较相对数，还可以找出工作中的差距，从而为提高企业的生产水平和管理水平提供依据。

5. 强度相对指标

（1）强度相对数的概念。分析不同事物之间的数量关系，需要计算强度相对数。强度相对数是两个性质不同，但有一定联系的总量指标对比的结果，用来表明现象的强度、密度和普遍程度的综合指标。其计算公式为：

$$强度相对数=\frac{某一总量指标数值}{另一有联系而性质不同的总量指标数值}$$

例如，2019年年末中国大陆总人口为140005万人，则人口密度计算如下。

$$人口密度=\frac{140005万人}{960万平方千米}\approx146（人/平方千米）$$

强度相对数的数值表示有两种方法：①一般用复名数表示，上例中的“人/平方千米”。②少数用百分数或千分数表示，如流通费用率用百分数表示，产值利润率、人口自然增长率则用千分数表示。应该指出，强度相对数虽有“平均”的含义，但它不是同质总体的标志总量与总体单位数之比，所以不是平均数。

（2）强度相对数的正逆指标。强度相对数是两个有联系的不同事物的总量指标数值的对比，因此，分子与分母可以互换，这就产生了有些强度相对数有正指标和逆指标两种。

$$\text{商业网点密度}=\frac{\text{某地零售商业机构数}}{\text{某地人口数（千人）}}\text{（正指标）}$$

或

$$=\frac{\text{某地人口数（千人）}}{\text{某地零售商业机构数}}\text{（逆指标）}$$

例如，某城市人口200万人，有零售商业机构10000个，则

$$\text{商业网点密度的正指标}=\frac{10000\text{个}}{2000000\text{人}}=5\text{（个/千人）}$$

$$\text{商业网点密度的逆指标}=\frac{2000000\text{人}}{10000\text{个}}=200\text{（人/个）}$$

正指标的数值愈大，表示零售商业网点密度也愈大；逆指标的数值愈大，表示零售商业网点密度愈小。前者是从正方向说明现象的密度，后者是从相反方向说明现象的密度。在实际工作中，一般选择其中一个指标进行计算。

（3）强度相对数的作用。第一，说明一个国家、地区、部门的经济实力或为社会服务的能力。如大国与小国，若从总量指标进行比较是不合理的，也不便于分析，而用强度相对指标（如按人口平均的主要产品产量）进行比较，则可以增强其可比性。

第二，反映和考核社会经济效益。例如，流通费用率、资金利润率等都是两个不同现象的数量对比的强度相对数，这些经济指标的数值大小反映着企业管理工作的好坏。

第三，为编制计划和长远规划提供参考依据。例如，在研究移民计划时，各地人口密度指标就是一个很重要的参考资料。

6. 动态相对指标

动态相对数是同类指标在不同时期中的对比，其计算公式为：

$$\text{动态相对数}=\frac{\text{报告期水平}}{\text{基期水平}}\times 100\%$$

式中，作为对比标准的时间叫作基期，而同基期比较的时期叫作报告期，有时也称为计算期。动态相对数的计算结果用百分数或倍数表示。

（三）正确运用相对指标的基本原则

第一，注意两个对比指标的可比性。可比性是计算相对数的最重要条件。所谓可比性，主要指对比的两个指标（分子与分母）在经济内容上要具有内在联系，在总体范围及指标口径上要求一致或相适应。另外，还要注意计算方法、计算价格的可比，例如，工业总产值是按工厂法计算，还是按部门法或国民经济法计算；是采用同一不变价格，还是不同的不变价格，或者是采用现行价格计算等方面，在不同空间和时间的对比中要取得一致。如果不一致，就须进行调整和换算。这样的对比才能符合统计分析研究的要求，对比的结果才能正确地反映社会经济现象的实质。

第二，相对指标要和总量指标结合起来运用。相对数具有抽象化的特点，从而掩盖了现象间绝对量的差别。为了全面分析问题，运用相对数时，必须与计算相对数所依据的绝对水平联系起来考查，要看到相对数背后所隐藏的总量指标数值，这样我们才能对客观事物有正确的认识。结合运用的方法有两种：一是计算分子与分母的绝对差额；二是计算每增长1%的绝对值。通常，大的相对数背后的绝对数可能很小，而小的相对数背后的绝对数可能很大，即同样的相对数背后隐藏的绝对数可能不同。因此，我们不能只凭相对数的大小来判断事物，只有将相对数和绝对数结合起来运用，才能对事物作出正确的评价。

第三，多种相对指标的结合运用。一种相对指标只说明一方面的情况，若把各种相对指标联系起来研究问题，就能较全面地说明客观事物的情况及其发展的规律性。例如，要评价一家工业企业的生产情况，既要利用生产计划的完成情况指标，也要分析生产发展的动态指标以及与先进单位的比较指标，把这几个相对指标结合起来运用。又如，研究生产计划的完成情况，就要全面分析产量产值计划、品种计划、劳动生产率计划、成本计划、利润计划等方面的完成情况，这样才能正确判断企业生产工作的好坏。

第四，在比较两个相对指标时，是否适宜相除再求一个相对指标，应视情况而定。若除出来有实际意义，则除；若不宜相除，只宜相减求差数，则用百分点（百分比中相当于1/100的单位）表示。

三、平均指标

平均指标是统计分析和一般经济分析中广泛应用的一种统计指标，在统计学中占有重要的地位。平均指标是指在同质总体内将各单位某一数量标志的差异抽象化，用以反映总体在具体条件下的一般水平。简言之，平均指标是说明同质总体内某一数量标志在一定历史条件下一般水平的综合指标。如员工的平均工资、商品的平均价格、粮食的单位面积产量等。

在社会经济统计中常用的平均指标有算术平均数、调和平均数、几何平均数、众数和中位数等。算术平均数、调和平均数、几何平均数是根据分布数列中各单位的标志值计算而来的，称为数值平均数；众数和中位数是根据分布数列中某些标志值所处的位置来确定的，称为位置平均数。各种平均指标的计算方法不同，指标的含义、应用场合也有所不同，但它们都是总体各单位数量标志值一般水平的代表值。

（一）算术平均数

1. 算术平均数的基本公式

算术平均数是分析社会经济现象一般水平和典型特征的最基本指标，是统计中计算平均数最常用的方法。其基本公式为：

$$\text{算术平均数}=\frac{\text{总体标志总量}}{\text{总体单位总数}}$$

在上式中，分子和分母在经济内容上有着从属关系，即分子数值是各分母单位特征的总和，两者在总体范围上是一致的，这也是平均数和强度相对数的区别所在。强度相对数虽然也是两个有联系的总量指标之比，但它并不存在各标志值与各单位的对应问题。以此标准来衡量，全国粮食产量与全国种粮农民人数之比，计算得出的农民劳动生产率指标是个平均指标；而全国粮食产量与全国人口数之比，计算得出的全国平均每人拥有的粮食产量指标是个强度相对指标。因为全国的每一位种粮农民都具有粮食产量这个标志，而全国人口中，却有很多人不具有这个标志。

社会经济现象中有许多研究的总体，总体的标志总量等于总体各单位某一数量标志值的总和。例如，各位员工工资的总和就形成工资总额，各位工人劳动生产量的总和就形成总产量，各单位面积收获量的总和就形成总收获量。而算术平均数的计算方法恰与社会经济现象之间的这种数量关系相适应，因此，算术平均数的基本公式得到了广泛的应用。

算术平均数由于掌握的资料不同，可分为简单算术平均数和加权算术平均数两种。

2. 简单算术平均数

如果掌握的资料是总体各单位的标志值，而且没有经过分组，则可先将各单位的标志值相加得出标志总量，然后再除以总体单位数，这种计算平均数的方法称为简单算术平均数。

例如，某生产小组有5名员工生产某种零件，日产量（件）分别为12、13、14、14、15，则平均每个员工日产零件件数为：

$$\frac{12+13+14+14+15}{5}=13.6（件）$$

上式用符号表示

$$\overline{X}=\frac{X_1+X_2+\cdots+X_n}{n}=\frac{\sum X}{n}$$

式中，$\overline{X}$代表算术平均数；X_1，X_2，…，X_n为各个变量；n代表变量个数；Σ为总和符号。

3. 加权算术平均数

如果掌握的资料经过分组整理编成了单项数列或组距数列，并且每组次数不同，就应采用加权算术平均数的方法计算算术平均数。具体方法是：①将各组标志值分别乘相应的频数求得各组的标志总量，并加总得到总体标志总量；②将各组的频数加总，得到总体单位总数；③用总体标志总量除以总体单位总数，即得到算术平均数。

变量数列的权数有两种形式：一种是以绝对数表示，称为次数或频数；另一种是以比重表示，称为比率或频率。同一总体资料，用这两种权数所计算的加权算术平均数完全相同。

加权算术平均数与简单算术平均数的不同之处在于：加权算术平均数受到两个因素的影响，即变量值大小和次数多少，而简单算术平均数只受变量值大小这一个因素的影响。

（二）调和平均数

1. 调和平均数的计算方法

与算术平均数类似，调和平均数也有简单的和加权的两种形式，其计算公式分别为：

$$H=\frac{n}{\frac{1}{\chi_1}+\frac{1}{\chi_2}+\cdots+\frac{1}{\chi_n}}=\frac{n}{\sum_{i=1}^{n}\frac{1}{\chi_i}}$$

$$H=\frac{m_1+m_2+\cdots+m_n}{\frac{m_1}{\chi_1}+\frac{m_2}{\chi_2}+\ldots+\frac{m_n}{\chi_n}}=\frac{\sum_{i=1} m_i}{\sum_{i=1}^{n}\frac{m_i}{\chi_i}}$$

由于调和平均数也可以看成变量χ的倒数的算术平均数的倒数，故有时也称为倒数平均数。

对同一问题的研究，算术平均数和调和平均数的实际意义是相同的，计算公式也可以相互推算，采用哪一种方法完全取决于所掌握的实际资料。一般来说，如果掌握的是基本公式中的分母资料，则采用算术平均数；如果掌握的是基本公式中的分子资料，则采用调和平均数。

2. 调和平均数的特点

调和平均数作为一种特殊的平均数计算方式，具有独特的特点和一定的局限性。

首先，调和平均数易受极端值的影响。在数据集中，如果存在极端值，尤其是极小值，那么调和平均数的结果将会受到显著影响。与极大值相比，极小值对调和平均数的影响更大，这可能导致计算结果偏离大多数数据的实际情况。

其次，调和平均数的计算对数据的要求较为严格。只要数据集中有一个变量值为零，就无法计算调和平均数。这一点在实际应用中需要特别注意，避免因单个零值而导致整个计算过程无法进行。

再次，当处理组距数列时，如果数列中存在开口组，那么调和平均数的代表性就会受到质疑。即使我们按照相邻组距来计算开口组的组中值，这种假定性仍然很大，可能导致调和平均数的结果不够准确和可靠。

最后，调和平均数的应用范围相对较小。受计算方式和特点的限制，调和平均数并不适用于所有类型的数据集，在某些情况下，使用其他类型的平均数（如算术平均数或几何平均数）可能更加合适。

（三）几何平均数

几何平均数又称对数平均数，它是若干项变量值连乘积开其项数次方的算术根。当所掌握的变量值本身是比率的形式，而且各比率的乘积等于总的比率时，应采用几何平均法来计算平均比率。

几何平均数根据资料情况，可分简单几何平均数和加权几何平均数两种。前者适用于未分组资料，后者适用于分组后的变量数列，但常用的是简单几何平均数。

1. 简单几何平均数

直接将n项变量连乘，然后对其连乘积开n次方所得的平均数即为简单几何平均数。

它是几何平均数的常用形式。其计算公式为：

$$G=\sqrt[n]{x_1 \cdot x_2\ x_3 \cdots x_n}=\sqrt[n]{\prod_{i=1}^{n} x_i}$$

式中，G代表几何平均数；Π为连乘符号。

2. 加权几何平均数

加权几何平均数与算术平均数一样，当资料中的某些变量值重复出现时，相应地，简单几何平均数就变成了加权几何平均数。其计算公式为：

$$\bar{x}_G = \sqrt[\sum f]{x_1^{f_1} \cdot x_2^{f_2}\ x_3^{f_3} \cdots x_n^{f_n}} = \sqrt[\sum f]{\prod_{i=1}^{n} x_i^{f_i}}$$

式中，f_i代表各个变量值出现的次数。

3. 几何平均数的特点与局限

首先，与算术平均数相比，几何平均数受极端值的影响较小。这意味着在数据集中存在极端值时，几何平均数能够更稳定地反映数据的整体情况，不易被极端值影响。

然而，几何平均数也有其局限性。如果数据集中包含负值，那么计算出的几何平均数就会是负数或虚数，这在实际应用中可能会带来不便。因此，在使用几何平均数时，需要特别注意数据集中是否存在负值。

此外，几何平均数仅适用于具有等比或近似等比关系的数据。对于这类数据，几何平均数能够更好地反映其内在规律性和特征。

值得一提的是，几何平均数的对数是各变量值对数的算术平均数。这一性质使得几何平均数在处理对数变换后的数据时具有特别的优势，可以简化计算过程并提高结果的准确性。

（四）众数

1. 众数的概念

众数是总体中出现次数最多的标志值，它能直观地说明客观现象分配中的集中趋势。在实际工作中，有时要利用众数代替算术平均数来说明社会经济现象的一般水平。例如，集贸市场上某种商品一天的价格可能有几次变化，其中成交量最多的那一个价格就是众数价格；再如，在大批量生产的男式皮鞋中，有多种尺码，其中41码是销售量最多的尺码，则这个41码也就是众数，可代表男式皮鞋尺码的一般水平，宜大量生产，而其余尺码生产量就要相应少一些，这样才能满足市场上大部分消费者的需要。

如果总体中出现次数最多的标志值不是一个，而是两个，那么合起来就是复众数。

由众数的定义可看出，总体的单位数较多，各标志值的次数分配有明显的集中趋势时才存在众数；如果总体单位数很少，尽管次数分配较集中，那么计算出来的众数意义不大；如果总体单位数较多，但次数分配不集中，即各单位的标志值在总体中出现的比重较均匀，那么也无所谓众数。[①]

2. 众数的计算方法

（1）单项数列确定众数的方法——观察次数，出现次数最多的标志值就是众数。

（2）组距数列确定众数的方法——观察次数。首先由最多次数来确定众数所在组，然后再用比例插值法推算众数的近似值。其计算公式如下。

$$\text{下限公式：}M_0=X_L+\frac{\Delta_1}{\Delta_1+\Delta_2}\cdot d$$

$$\text{上限公式：}M_0=X_u-\frac{\Delta_2}{\Delta_1+\Delta_2}\cdot d$$

式中，X_L、X_u分别表示众数组的下限、上限；Δ_1表示众数组次数与以前一组次数之差；Δ_1表示众数组次数与以后一组次数之差；d表示众数组组距。

众数的下限公式和上限公式是等价的，用两个公式计算的结果完全相同，但一般采用下限公式。

从众数的计算可看到众数的特点：①众数是一个位置平均数，它只考虑总体分布中最频繁出现的变量值，而不受极端值和开口组数列的影响，从而增强了对变量数列一般水平的代表性。②众数是一个不容易确定的平均指标，当分布数列没有明显的集中趋势而趋均匀分布时，则无众数可言；当变量数列是不等距分组时，众数的位置也不易确定。

（五）中位数

1. 中位数的概念

现象总体中各单位标志值按大小顺序排列，居于中间位置的那个标志值就是

① 李洁明，祁新娥.统计学原理[M].上海：复旦大学出版社，2021：96.

中位数。可见，中位数把全部标志值分成两个部分，一半标志值比它大，另一半标志值比它小，而且比它大的标志值个数等于比它小的标志值个数。中位数和众数一样，有时可代替算术平均数来反映现象的一般水平。

用中位数表示现象的一般水平，在许多场合有其特殊的意义。例如，在进行产品质量控制的过程中，随机抽几个产品进行观察，若计算其平均数则较麻烦，只要看中位数的大小就可知道其一般水平如何了。又如，国家统计局在其发布的2019年国民经济和社会发展统计公报中指出：2019年全年我国居民人均可支配收入中位数为26523元，比上年增长9.0%。按常住地分，城镇居民人均可支配收入中位数为39244元，增长7.8%；农村居民人均可支配收入中位数为14389元，增长10.1%。

2. 中位数的计算方法

（1）由未分组资料确定中位数。首先对某个标志值按大小顺序加以排列，然后用下列公式确定中位数的位置。

$$中位数位置=\frac{n+1}{2}（n代表总体单位数）$$

如果总体单位数是奇数，则居于中间位置的那个单位的标志值就是中位数。

例如，有5位员工生产某产品的件数，按序排列如下：20，23，26，29，30。

$$中位数位置=\frac{n+1}{2}=\frac{5+1}{2}=3$$

这表明第3位员工日产26件产品为中位数，即：

$$M_e=26（件）$$

式中，M_e代表中位数。

如果总体单位数是偶数，则居于中间位置的两项数值的算术平均数是中位数。

例如，有6位员工生产产品，件数排序如下：20，23，26，29，30，32。

$$中位数位置=\frac{n+1}{2}=\frac{6+1}{2}=3.5$$

这表明，中位数是第三人和第四人生产件数的算术平均数，即

$$M_e=\frac{26+29}{2}=27.5（件）$$

（2）由单项数列确定中位数。单项数列确定中位数的方法比较简单：①求中位数位置$=\frac{\sum f}{2}$（$\sum f$为总体单位数之和）；②计算各组的累计次数（向上累计次数或向下累计次数）；③根据中位数位置找出中位数。

（3）由组距数列确定中位数。由组距数列确定中位数，应先按$\frac{\sum f}{2}$的公式求出中位数所在组的位置，然后再用比例插值法确定中位数的值。其计算公式如下。

下限公式（向上累计时用）：

$$M_e = X_L + \frac{\frac{\sum f}{2} - S_{m-1}}{f_m} \cdot d$$

上限公式（向下累计时用）：

$$M_e = X_u - \frac{\frac{\sum f}{2} - S_{m+1}}{f_m} \cdot d$$

式中，X_L、X_u分别表示中位数所在组的下限、上限；f_m代表中位数所在组的次数；S_{m-1}中位数所在组以前一组的累计次数；S_{m+1}中位数所在组以后一组的累计次数；Σf为总次数；d中位数所在组的组距。

中位数有以下特点：①与众数一样，也是一种位置平均数，不受极端值及开口组的影响，具有稳健性。②各单位标志值与中位数离差的绝对值之和为最小值。利用中位数的这一性质，可解决一些实际问题。例如，要在一条长街上设一个居民生活燃料供应站，使该站到各用户的距离总和最短等。③对某些不具有数学特点或不能用数字测定的现象，可用中位数求其一般水平。例如，印染企业对某种颜色按不同深浅排列后，可以求出其中位数色泽。

（六）正确应用平均指标的原则

平均指标在统计分析中应用很广，但在具体应用时应注意以下几个问题。

1. 平均指标只能运用于同质总体

平均指标处理的是同质异量的大量现象。只有在同质总体中，总体各单位才具有共同的特征，才能计算它们的平均数来反映现象的一般水平。否则，计算的平均数就会把现象的本质差异掩盖起来，不能起到说明事物性质及其规律性的作用。

2. 用组平均数补充说明总平均数

许多平均指标的计算是在科学分组的基础上进行的。我们应该重视影响总平均数的各个有关因素的作用，通过计算组平均数对总平均数作补充说明，来揭示现象内部结构组成的影响，从而克服认识上的片面性。

3. 用分配数列补充说明平均数

平均数只是说明现象的共性，即一般水平，因而把总体各单位数量标志值的差异给抽象化了，掩盖了总体各单位的差异及其分配情况。为了比较深入地说明问题，在利用平均数对社会经济现象进行分析时，还要结合原来的分配数列，分析平均数在原数列中所处的位置以及各单位标志值在平均数上下的分配情况。

第二节　统计指数及其实质

一、指数的基本分析

（一）指数的概念

指数是一种反映经济变量在时间上综合变动状况的相对数，它描述的是现象动态变动程度，这在社会经济活动中应用十分广泛。一般来说，统计指数的概念有广义和狭义两种。广义的统计指数是指社会经济现象数量变动与差异程度的相对指数，即用来表明同类现象在不同空间、不同时间、实际与计划对比变动情况的相对数，如产值指数、产量指数、出口额指数、出口价格指数、出口购买力指数、贸易条件指数等。所以，广义的指数包括一切动态相对数和某些比较相对数。

这里指的是狭义的指数。它虽然也反映事物变动或差异的程度，但所反映的对象是一种特殊的总体，是由不同度量的事物所构成的特殊总体。狭义的统计指数反映不能直接相加的复杂社会经济现象在数量上综合变动情况的相对数，如产量总指数、产值总指数、销售额总指数、价格总指数、成本总指数、物价总指数等。例如，要说明一个国家或一个地区商品价格综合变动情况，由于各种商品的经济用途、规格、型号、计量单位等不同，不能直接将各种商品的价格简单对比，为了解决这种复杂经济总体各要素相加的问题，就要编制统计指数综合反映它们的变动情况。

从1650年英国人伏汉首创物价指数，迄今已有300多年历史。最初的物价指数大都是以个人研究为目的而编制的。18世纪中叶，由于金银大量流入欧洲，欧洲的物价飞涨，引起社会不安，于是产生了反映物价变动的需求，这就是物价指数产生的根源。后来，各国政府为了经济管理的需要，也陆续开始编制物价指数。随着社会实践的需要，指数运用范围逐渐扩大为反映各种经济变量的动态变化，指数种类越来越多，其中最常用的有各种价格指数（零售价格指数、生活费用价格指数、股价价格指数等）、成本指数、工资指数、生产指数、劳动生产率指数等。随着指数运用范围的进一步扩大，指数的内容也由单纯反映各种经济变量的动态变化扩展到反映经济变量空间差异的对比，这种反映经济变量空间差异程度的指数称为地区指数。地区指数作为指数的扩展形式，其计算原理与传统的指数是一样的。有些指数，如消费品价格指数、生活费用价格指数，同人们的日常生活息息相关；有些指数，如生产资料价格指数、股票价格指数等，则直接影响人们的投资活动，成为社会经济的晴雨表。

指数作为一种对比性的统计指标具有相对数的形式，通常表现为百分数。它表明：若把作为对比基准的水平（基数）视为100，则所要考查的现象水平相当于基数的多少。从对比性质来看，指数通常是不同时间的现象水平的对比，它表明现象在时间上的变动情况。此外，指数还可以是不同空间（如不同国家、地区、部门、企业等）的现象水平的对比，或者是现象的实际水平与计划（规划或目标）水平的对比。可见，指数在经济分析上具有十分广阔的应用领域。

（二）指数的一般性质

概括地讲，指数具有以下性质。

第一，相对性。指数是总体各变量在不同场合下对比形成的相对数，它可以度量一个变量在不同时间或不同空间的相对变化程度。

第二，综合性。一般来说，指数反映特殊总体中一组变量在不同场合下的综合变动水平，这是针对狭义指数而言的，它也是指数理论和方法研究的核心问题，实际中所计算的主要是这种指数。综合性说明指数是一种特殊的相对数，它是由一组变量或项目综合对比形成的。没有综合性，指数就不可能发展成为一种独立的理论和方法论体系。

第三，平均性。指数是总体水平的一个代表性数值。平均性的含义主要有两方面：一是指数进行比较的综合数量是个别量的一个代表，这本身就具有平均的性质；二是两个综合量对比形成的指数反映了个别量的平均变动水平。

（三）指数的不同分类

由于分类标准的不同，指数可以分为不同的类型。

1. 按反映对象范围的不同划分

指数按其反映对象范围的不同，可分为个体指数和总指数。个体指数是指反映个体现象或个别事物的数量变动或差异程度的相对指数，如个别产品的产量指数、某种商品的价格指数等。用公式表示：

$$\text{个体数量指标指数：} k_q = \frac{q_1}{q_0} \times 100\%$$

$$\text{个体质量指标指数：} k_p = \frac{p_1}{p_0} \times 100\%$$

式中，k代表个体指数，q代表产量，p代表商品或产品的价格，下标1代表报告期，下标0代表基期。

可见，个体指数就是同一种现象的报告期数值与基期数值对比而得的发展速度，属一般的动态相对数和广义指数的范围。而总指数是指反映特殊总体变动或差异程度的相对数，即说明度量单位不相同的多种事物数量综合变动的相对指数，如工业总产量指数、零售物价总指数等。这是严格意义上的指数，是我们需要深入研究的指数。总指数与个体指数有一定的联系，可以用个体指数计算相应的总指数。用个体指数简单平均求得的总指数，称为简单指数；用个体指数加权平均求得的总指数，称为加权指数。

2. 按反映的社会经济现象特征的不同划分

指数按其所反映的社会经济现象特征的不同，可分为质量指标指数和数量指标指数。数量指标指数简称数量指数，是反映数量指标变动或差异程度的相对数，是反映现象的规模、水平变化的指数，如商品销售量指数、工业产品产量指数等。而质量指标指数则是反映质量指标变动或差异程度的相对数，是综合反映生产经营工作质量变动情况的指数，如物价指数、产品成本指数等。

3. 按所采用基期的不同划分

指数按其所采用基期的不同，可分为定基指数和环比指数。定基指数与环比指数的含义和发展速度中的定基发展速度与环比发展速度的含义基本相同。定基指数是指将不同时期的某种指数按时间先后顺序排列，形成指数数列，在同一个指数数列中，各个指数都以某一个固定时期作为基期的指数。定基指数的基期，一般情况都选择报告期以前的某一时期，这样计算的指数反映事物向前发展的趋势和速度，因此又称为顺时指数或前进指数；而当一个指数数列中确定以中间某一特定意义的时期为基期时，则会出现基期在报告期之后的情况，这样计算的指数，则称为逆时指数或后退指数。在消费物价指数计算中，也有顺时指数和逆时指数之分。这种做法是在需要强调以某一时期为基期来观察问题时所使用的。环比指数是指各个指数都是以报告期的前一期作为基期的指数。

此外，在实际工作中常常还会为固定报告期而变换基期，以观察报告期某种事物的水平与不同基期比较时的变动情况。

4. 按计算指数时所依据的数列性质的不同划分

按计算指数时所依据的数列性质的不同，指数可分为时间数列指数、空间数列指数和属性数列指数。反映事物在不同时间变动情况的指数称为时间数列指数，这是最常见的指数。反映事物在不同空间的差异程度的指数称为空间数列指数，如居民消费地区差价指数。反映不同事物之间对比关系的指数称为属性数列指数，如工农业商品综合比价指数、进出口比价指数。

5. 按照编制方法的不同划分

总指数是反映多种现象或事物报告期相对于基期变动的相对指数。按照编制方法的不同，总指数可分为综合指数和平均指数。综合指数是通过同度量因素的媒介作用，将不同度量的事物综合计算的指数，它从数量上表明不能直接相加的社会经济现象的总指数，是用先综合后对比的方法求得的指数。平均指数则是对个体指数的加权平均数，它以个体指数为基础，采取平均形式编制的总指数，是先对比再加总求得的指数。

二、综合指数

综合指数是指数的一种主要形式，它是指用综合法加总总体中各部分数值来计算的指数。它的基本思想是：先综合，后对比。综合指数有数量指标综合指数和质量指标综合指数两种。可以说，指数理论是从研究物价变动中产生和发展起来的，而且是从综合法的诞生开始的。

（一）综合指数的编制方法

如果我们知道某几种商品价格和销售量的资料，要研究全部商品的价格和销售量变动的情况。首先想到的是将各种商品的价格或销售量资料加总起来，然后对比得到相应的总指数，这种方法通常称为简单综合指数法。此时我们会遇到这样两个问题：一是不同商品的数量和价格不能直接加总，或者说，直接加总的结果没有实际经济意义；二是简单综合法编制的指数明显地受到商品计量单位的影响。因此，简单综合指数难以成为现象变动的一种客观测度，因为不同商品的价格或销售量都是“不同度量”的现象，它们构成了不能直接加总的“复杂现象总体”或“特殊总体”，倘若不解决有关现象的同度量问题就将其直接加总，则难以得到适当的指数计算结果。

用综合法编制的指数，无论是数量指标指数，还是质量指标指数，都由两个因素构成：一个是指数化因素，即通过指数去反映其变化或差异程度的因素，如物价指数中的价格、销售量指数中的销售量；另一个就是同度量因素，在统计学中，一般把相乘以后使不能直接相加的指标过渡到可以直接相加的指标的那个因素，称为同度量因素（或为同度量系数）。它是将特殊总体中不同度量的事物转化为同度量事物的媒介因素，如物价指数中的物值、物量指数中的价格，因为物价通过物量而变为物值，物量通过物价也变为物值，都还原为抽象的人类劳动，即变为以货币为计量单位的总量指标，也就是价值指标，从而成为同度量的事物。这种通过加权来测定一组项目综合变动状况的指数，称为加权综合指数，因此也把同度量因素称为权数，因为它在起同度量因素作用的同时，也起到了权数的作用。下面分别以销售量总指数和销售价格总指数为代表，讨论数量综合指标指数和质量综合指标指数的编制方法。

1. 数量综合指标指数的编制

数量综合指标指数的编制方法有两种：一种是类似销售总额指数的编制，因其为综合指标，可直接相加，只要分别汇总报告期的指标和基期的指标，然后加以对比即可得到；另一种是类似销售量总指数的编制，因其为非综合指标，不能直接相加，要通过同度量因素把指标过渡到具有可加性，然后将分子分母的指标分别相加后再对比。这种通过同度量因素综合分子分母的指标再对比求总指数的方法，称为综合指数法。这里以销售量总指数为例来说明。

销售量总指数是反映多种商品销售量变动的总指数。不同种类的商品，由于计量单位不同，其实物量不能相加，因此就需要把各种性质不同的实物量过渡到性质相同的价值量。在编制数量指标指数的过程中，可以通过价格把不同的实物量转化为价值量，即销售价×销售量=销售额（$p \times q = pq$）。在这里，销售价格便是使各种商品的销售量过渡到能够直接相加的价值量的同度量因素。

同度量因素所属的时期有报告期、基期和特定期，不同期的同度量因素，其数值是不同的。由于在计算总指数时同度量因素在分子分母上的时期必须是固定的，因而把同度量因素固定在报告期、基期或特定期上计算的总指数的结果也是不同的。对于同度量因素应该固定在哪个时期，统计学界主要有两种主张：一种是将同度量因素固定在基期，这是由德国统计学家拉斯贝尔提出的，由此得出的指数公式被称为拉斯贝尔指数公式；另一种是将同度量因素固定在报告期，这是由德国经济学家派许提出的，由此得出的指数公式称为派许指数公式。现分别按不同时期的价格为同度量因素，逐一列出商品销售量的总指数公式。

（1）以基期价格（p_0）为同度量因素的销售量总指数：

$$\overline{k}_q = \frac{\sum q_1 p_0}{\sum q_0 p_0}$$

上式也称为拉氏数量指数公式，在这个公式中，分子是以基期的销售价为同度量系数计算的假定销售额。它旨在说明在价格水平保持不变的情况下，只是销售量本身的变动，而不包括销售价格变动的因素。

（2）以报告期价格（p_1）为同度量因素的销售量总指数：

$$\overline{k}_q = \frac{\sum q_1 p_1}{\sum q_0 p_1}$$

上式称为派氏数量指数公式。在这个公式中，分子是报告期的销售额，分母是基期销售量按报告期销售价计算的替代假定销售额。它旨在说明在价格保持不变的条件下，销售量对销售额的影响程度。

通过上述分析可以看出，运用不同的指数公式得出的计算结果有所不同。由于综合指数都要假定同度量因素不随基期或报告期的变化而变化，而这是不符合实际情况的，由此计算结果带有近似的性质，这是指数方法的局限性。实际编制销售量总指数，究竟采用哪一个价格作为同度量因素，要根据不同的研究对象、目的以及资料取得的难易程度来选用相应的计算公式，并根据具体情况进行某些修正，使得到的指数合乎客观实际。联系我国统计工作的实践，我国物量综合指数的编制是从现实经济意义的要求出发的，所以一般采用以基期质量指标（p_0）加权的综合公式。

2. 质量综合指标指数的编制

在上述编制数量综合指标指数的过程中，是把质量指标作为同度量因素固定在某一个时期上。同时，在编制质量综合指标指数的过程中，就应采用相应的数量指标作为同度量因素固定在某一个时期上。

（1）以基期的销售量（q_0）作为同度量因素的物价总指数：

$$\bar{k}_p=\frac{\sum p_1q_0}{\sum p_0q_0}$$

该式是拉斯贝尔提出的，被称为拉氏物价指数公式。在这个公式中，分子是按基期销售量乘报告期的销售价计算的替代销售额，分母是基期的销售额。两者对比说明销售价格本身变动对销售额的影响程度，两者相减说明销售价格本身变动对销售额的影响值。

（2）以报告期销售量（q_1）作为同度量因素的物价总指数：

$$\bar{k}_p=\frac{\sum p_1q_1}{\sum p_0q_1}$$

该式是派许提出的，被称为派氏物价指数公式。在这个公式中，分子是报告期的销售额（Σp_1q_1），分母是以报告期销售量按基期价格计算的替代假定销售额（Σp_0q_1），旨在于说明在销售量不变的情况下，销售价格水平的变动方向和变动程度。

通过上述分析可以看出，运用不同的质量综合指标指数公式计算，其结果也有所不同。类似销售量总指数的分析，计算物价总指数应采用哪一种公式，要根据具体情况而定，一般还应依据实际情况做某些修正，使结果客观真实。联系我国统计工作的实践，我国物价指数的编制是从现实经济意义的要求出发的，所以一般采用以报告期销售量（q_1）加权的综合公式。

需要说明的是，以上销售额指标是由销售价格和销售量两个因素构成的，要计算其中一个因素的报告期相对于基期的变动程度（指数化因素），便要把另一个因素固定起来（同度量因素）。同理，当一个总量指标（如销售额）是由三个因素构成，在运用综合指数法计算其中一个因素的指数时，就要把其他因素都作为同度量因素固定起来，以便反映要考查的那个因素报告期相对于基期的变动程度。

（二）统计指数同度量因素的选择原则

统计实践通常采用拉氏数量指数公式计算物量指数，派氏物价指数公式计算物价指数。用拉氏物量指数和派氏物价指数交叉组成的体系，能使物量指数、物价指数与物值指数三者之间在数量关系上相互衔接和平衡。因为就物量指数而言，拉氏公式（$\bar{k}_p=\dfrac{\sum q_1p_0}{\sum q_0p_0}$）以基期价格为同度量因素，可以纯粹反映要研究事物使用价值的变动，而派氏公式（$\bar{k}_p=\dfrac{\sum q_1p_1}{\sum q_0p_1}$）以报告期价格为同度量因素，则会把研究事物价格变动的影响带进使用价值的变动之中，使物量指数不能纯粹反映使用价值量的增减。若就物价指数而言，派氏公式（$\bar{k}_p=\dfrac{\sum p_1q_1}{\sum p_0q_1}$）以报告期物量作为同度量因素，是物价变动与实际的社会经济情况相联系，而不是与物价变动前的社会经济情况相联系，使物价变动对社会经济生活的影响具有实际的，而不是假定的社会经济内容。

综上所述，确定统计指数同度量的一般原则是：数量指标指数应当以基期的质量指标作为同度量因素，而质量指标指数则应以报告期的数量指标作为同度量因素。

三、平均指数

（一）平均指数的编制原理

平均指数编制的基本原理是：先计算出个别现象的个体指数，然后将个体指数平均得到平均指数。由于总体中的不同个体常常具有不同的重要性程度，因此在平均指数的编制过程中，必须对个体指数进行适当的加权。一般可以选择与所要编制的指数化指标有密切关系的某一时期的总量为权数对个体指数加权平均计算平均指数。其中，作为权数的总量通常是两个变量的乘积，它可以是价值总量，如商品销售额（销售价格与销售量的乘积）、工业总产值（出厂价格与生产量的乘积），也可以是其他总量，如农产品总产量（单位面积产量与收获面积的乘积）。而其中的个体指数是个体质量指数或个体数量指数。

最常用的平均指数是加权算术平均指数和加权调和平均指数。

（二）综合指数变形为平均指数的必要性

从理论和实践上说，综合指数是计算总指数的比较理想的形式，因为它不仅可以反映事物变动的方向与程度，而且可以用分子与分母的差额来直接反映事物变动的实际经济效果。然而，无论是物价指数，还是物量指数，都要掌握假定的物值$\Sigma p_0 q_1$（各种商品或产品的基期价格与报告期数量之积的总和），一般来说，获取这个资料是比较困难的。但是，各种商品或产品的基期和报告期的销售额（$p_0 q_0$、$p_1 q_1$）却是容易取得的资料。因此，我们就可以在不违反综合指数一般原则的前提下，改变公式的形式而不改变公式的实质，利用容易掌握的资料来推算不容易掌握的资料，进而计算相应的指数。

（三）加权算术平均指数

由于这一平均指数在计算形式上采用了算术平均形式，故称为加权算术平均指数。在加权算术平均法中，公式$\bar{X}=\Sigma Xf/\Sigma f$是用各组变量值（或组中值）乘各组次数（分母）来求得标志总量（分子）的。利用加权算术平均的原理，我们可以将物量指数的综合公式改为加权算术平均公式。

设个体物量指数$k_q=q_1/q_0$，则：

$$\bar{k}_q=\frac{\sum p_1q_0}{\sum p_0q_0}=\frac{\sum \frac{q_1}{q_0}p_0q_0}{\sum p_0q_0}=\frac{\sum k_q p_1q_0}{\sum p_0q_0}$$

（综合指数公式）（加权算术平均指数公式）

（四）固定权数加权算术平均数指数

固定权数加权算术平均数指数是算术平均数指数的一种特例。在算术平均数指数中，它是以基期总量指标（p_0q_0）作为权数对个体指数进行加权计算得到的。当加权算术平均数指数中的权数不是p_0q_0，而是一种固定权数ω时，就被称为固定权数加权算术平均数指数。ω是一种经过调整计算的不变权数，通常用比重表示。例如，我国每月的消费品零售物价总指数就是按照固定权数加权算术平均数指数的方法编制的，其中的固定权数是根据上年各类消费品的零售额在全部零售总额中所占比重确定的，比重一经确定，至少在一年内不变。

固定权数加权算术平均数指数的计算公式如下：

价格指数：$$\bar{k}_p=\frac{\sum k_p\cdot\omega}{\sum\omega};k_p=\frac{p_1}{p_2}$$

数量指标：$$\bar{k}_q=\frac{\sum k_q\cdot\omega}{\sum\omega};k_q=\frac{q_1}{q_2}$$

固定权数加权算术平均数指数已不再是拉氏综合指数的变形了，两种方法的计算结果不会一致。以固定权数计算的加权算术平均数指数计算方便，在国内外统计工作中得到了广泛的应用，尤其是在物价指数的编制上，更是普遍采用固定权数加权算术平均数指数。在实际工作中，平均指数还有其他形式。例如，我国现行零售物价指数和城乡居民消费价格指数（$\bar{k}=\Sigma k\omega/\Sigma\omega$，$\Sigma\omega=100$或1000）也是加权算术平均数指数，但它只能反映价格变动的方向与程度，分子与分母之差已不具有绝对数的内容，因为ω是一种以相对数形式出现的权数。

（五）加权调和平均指数

在加权调和平均法中，公式$\bar{x}=\sum m/\sum\frac{1}{x}m$是用各组变量值（组中值）去除各组的标志总量（分子）来推算各组次数或单位数（分母）。利用加权调和平均的原理，我们可将物价指数的综合公式改为加权调和平均公式。

设个体物价指数$k_p=p_1/p_0$，$\frac{1}{k_p}=p_0/p_1$，则：

$$\bar{k}_p=\frac{\sum p_1q_1}{\sum p_0q_1}=\frac{\sum p_1q_1}{\sum \frac{p_0}{p_1}p_1q_1}=\frac{\sum p_1q_1}{\sum \frac{1}{k_p}p_1q_1}$$

（综合指数公式）（加权调和平均指数公式）

（六）综合指数变形的原则

从理论的角度来说，物量指数可以变为加权调和平均指数形式，物价指数也可以变为加权算术平均指数形式，但在这两种情况下，权数都是p_0q_1，而在统计实践中，p_0q_1却是我们难以掌握的资料。故除特殊情况外，做这种变换的实用价值不大。

所以，将综合指数变为平均指数时，应遵循的一般原则是：第一，当掌握了个体指数和综合指数的分母资料时，可将综合指数变为加权算术平均指数；第二，当掌握了个体指数和综合指数的分子资料时，可将综合指数变为加权调和平均指数；第三，数量综合指标指数一般采用加权算术平均法；第四，质量综合指标指数一般采用加权调和平均法。

以上加权算术平均指数和加权调和平均指数是作为综合指数的变形来使用的，本质上仍具有综合指数的特点。

四、统计指数问题的实质

统计指数的基本表现形式是什么，如何选择权数？是等权还是异权？同度量因素是选择基期还是报告期？怎样看待这些关于统计指数的实质性问题，一直贯穿统计指数研究的全部过程，也是统计学家关于指数争论的焦点。也正是对这些问题的不同看法，才有了算术指数、平均指数、综合指数等各种指数。这些关于统计指数的问题，实际上是人们关于统计指数的实质的探讨和争论。[①]统计指数是从最初研究个别商品的价格变动状况或物量变动状况，逐渐发展到研究社会商品总体价格平均变动状况或物量平均变动状况，是由单独考察一种或个别几种商

① 王志华．统计指数及其实质浅探 [J]. 知识经济，2013（13）：116.

品的价格或物量变动状况程度，发展到综合考察全社会商品价格或物量变动程度的。在研究多种商品构成的复杂总体的变动状况时，由于每种商品在社会经济生活中的地位不同，因而其价格、数量的变化对其经济生活的影响程度、作用大小也不同。指数的研究之所以经历了时代变迁，就是为了能以恰当的表现形式如实地反映社会商品总体的物价或物量的平均变动程度。东西方指数理论界对指数的表现形式各持己见，没有统一的认识，实际上就是对统计指数的实质没有统一的观点。

本书认为统计指数的实质应该包括以下几个方面。

其一，个体指数是随机变量。按照经济统计学的观点，个体指数是一个变异标志，即变量。该变量表现了总体中各种商品从基期到报告期的价格或物量变化的所有结果。由于商品价格或数量的变化受人的行为因素干扰呈现不同程度的变化，而人的行为因素又因时间、地点、经济环境等的不同而变化，所以商品的价格或数量的变化具有随机性。

其二，指数的计算本质上是对个体指数的加权平均。在实际应用中，指数特别是总体指数就是要揭示社会商品总体物价、物量综合变化的程度大小以及两者之间的相互关系。因而，指数的计算实际上就是要将不同的经济变量先综合后对比，以反映它们的综合变动情况。然而，不同产品具有不同的使用价值和计量单位，无法直接进行加总，这就需要找到一种共同的尺度将它们综合到一起，这就是加权。在实际中，计算物价指数以物量为权数，计算物量指数以相应的物价为权数。

其三，根据样本计算的总指数实际上是对总体参数的一个估计。既然个体物价或物量指数实际上是随机变量，所以无论是何种形式的统计指数，其实质都是对随机变量的估计与推断，就是要找到一个最接近或最能反映真实值的值。现行的各种形式的指数，都不外乎先找一个样本也就是代表品集团，通过该样本的研究得到样本的指数，进而推断总体的指数。然而，寻找样本的过程，就是在总体中进行抽样，这本身就具有随机性。我们推断总指数的过程，实际上就是通过部分个体指数，也就是通过总体中的样本，寻找一个合适的统计量，作为总指数的估计量，这个过程也就是统计推断的过程。因而，现实中的利用样本确定的指数实际上是对总体的参数的一个估计。

其四，在指数编制实践中，积累了大量的历史数据，为进一步研究指数、发挥指数的职能等积累了大量的有益经验。作为经济分析的重要工具之一的统计指数，能够为制定宏观经济政策、抑制通货膨胀或通货紧缩提供重要的依据。正是因为有丰富的历史数据，人们才会知道指数取什么值时，经济现象总体变动是正常的，才会及时地判断经济现象变动的方向，从而作出正确的决策和判断，为国民经济服务。

第三节 统计指数体系研究

一、指数体系和因素分析法

（一）指数体系的相关知识

一般来说，将在经济意义上具有一定的联系和在数量上具有对等关系的三个或三个以上的指数所构成的整体称为指数体系。确定指数体系，首先要看构成指数体系的总指数和各个因素之间是否存在经济意义上的联系；其次要看它们之间是否存在数量上的等价关系。如满足这两条就能构成一个指数体系。在上述指数中，物量指数、物价指数与物值指数就是相互联系的一个指数体系。在这个体系中，当一个指数以基期的质量指标为同度量因素时，另一个指数就应以报告期的数量指标为同度量因素，这样才能保持指数体系的平衡。另外，在一个指数体系中有两类指数：一类是反映各个因素总变动的指数，一般位于等式左边；另一类是只反映某一个因素变动的指数，这类指数在指数体系中可以有多个，都放在等式的右边。

指数体系主要有以下三个方面的作用。

第一，进行因素分析。现象的总变动可能受到若干个因素的影响，那么要了解每个因素的影响在其中的作用如何，就需要编制指数体系。利用指数体系就可以分析复杂经济现象总变动中各因素变动的影响方向和程度。

第二，进行指数推算。既然指数体系是几个具有数量上等价关系的指数所构成的整体，那么可以利用各指数之间的联系进行指数间的相互推算。例如，我国商品销售量总指数往往就是根据商品销售额总指数和价格总指数进行推算的，即商品的销售量指数＝销售额指数÷价格指数。

第三，用综合指数法编制总指数时，指数体系也是确定同度量因素时期的根据之一。因为指数体系是进行因素分析的根据，要求各个指数之间在数量上要保持一定的联系。因此，编制产品产量指数时，如用基期价格作为同度量因素，那么编制产品价格指数时就必须用报告期的产品产量作为同度量因素；如果编制产品产量指数时用报告期价格作为同度量因素，那么编制产品价格指数时就必须用基期的产品产量作为同度量因素。

（二）因素分析法的要点

因素分析法又称连环代替法，是指根据指数法的原理，在分析受多种因素影响的事物变动时，为了观察某一因素变动的影响而将其他因素固定下来，如此逐项分析，逐项替代的方法。它是利用指数从数量上分析复杂经济现象变动中各个因素变动影响的方法。

对于社会经济现象复杂总体的变动，当确定其是两个或两个以上因素乘积的函数时，可以开展因素分析。对两个因素进行分析称为两因素分析；对两个以上因素进行分析称为多因素分析。

在进行指数因素分析时，应遵循指数法的基本原理。因素分析法的基本要点如下。

第一，确定因素分析的前提。根据被研究现象各因素之间的客观内在联系，建立指数体系。应将影响事物发展的因素分为数量指标和质量指标。一般来说，所谓数量指标和质量指标又是相对的，它们都会因时、因地、因条件而变化。因此，除了要理解数量指标和质量指标的基本含义外，更应把有关指标放在一定的经济环境中，通过比较鉴别来确定。

第二，进行假定。在分析一个因素变动时，必须假定其他因素不变。观察数量指标变动的影响时，应将作为同度量因素的质量指标固定在基期；观察质量指标变动的影响时，则应将作为同度量因素的数量指标固定在报告期。一般惯例是，先观察和分析数量指标变动的影响，再观察和分析质量指标变动的影响。

第三，合理排列各因素的顺序。运用连环代替法进行因素分析时，一般是按各因素排列的先后顺序展开的。因此什么因素排在前面，什么因素排在后面，需要事先加以考虑。一般原则是先数量因素，后质量因素。特别是在多因素的连环替代分析中，各因素应按一定的顺序排列，使各因素的变动呈连环和替代之势，即一般可按数量指标—质量指标（数量指标）—质量指标—……的顺序排列。要注意相邻因素之间的经济含义。例如，在研究企业利润额变动时，影响利润额变动的各因素排列的顺序为销售量—销售价格—利润率。销售量乘销售价格等于销售额，销售额乘利润率等于利润额，都有明确的经济意义。如价格和利润率排列的位置互换，销售量乘利润率的经济含义就难以确定，不符合指数分解的逻辑。

第四，因素分析结果。分析各项因素变动对事物总变动的影响程度时，既要分析相对数，又要分析绝对数。从相对数角度分析，要求总变动指数等于各因素指数之积；从绝对数角度分析，要求总变动绝对额等于各个因素变动影响绝对额之和。

（三）总量指标变动的因素分析

1. 两因素分析

以销售额为例，商品销售额是总量指标，它包含价格和销售量两个因素。对销售额的变动进行因素分析就是要测定价格、销售量这两个因素各自对销售额变动的影响程度和影响的绝对量。因此，在测定一个因素的影响时，要将另一个因素固定住，使其保持不变，并且还要保证指数体系数学关系的成立。

根据前述确定统计指数同度量的一般原则，销售量指数的权数固定在基期，价格指数的权数固定在报告期，其指数体系为：

$$\frac{\sum p_1q_1}{\sum p_0q_0}=\frac{\sum p_0q_1}{\sum p_0q_0}\times\frac{\sum p_1q_1}{\sum p_0q_1}$$

销售额变动的绝对量则具有如下关系：

$$\left(\sum p_1q_1-\sum p_0q_0\right)=\left(\sum p_0q_1-\sum p_0q_0\right)+\left(\sum p_1q_1-\sum p_0q_1\right)$$

2. 多因素分析

当一个总量指标指数可以表示为三个或三个以上因素指数的连乘积时，同样可以利用指数体系分析各因素变动对总量指标变动的影响，这种分析就是总量指标的多因素分析。

对复杂总体进行多因素分析时，要按如下两个原则进行。

首先，因素固定的时期按照数量综合指标指数采用拉氏指数、质量综合指标指数采用派氏指数的原则，但是数量指标和质量指标的区别要根据指标的内容和各因素间的联系具体判断。

其次，注意多因素的排列顺序。把影响复杂总体变动的各个因素按照数量指标在前、质量指标在后的顺序进行排列。一般是先分析数量指标，后分析质量指标。分析第一个数量因素时，其他因素全部固定在基期。从第二个因素的分析开始，凡是分析过了的因素都固定在报告期，而未分析过的因素则全部固定在基期，这样直到最后一个质量指标，这时所有的其他因素都固定在报告期。总之，要保证指数体系在数学上的成立。

例如，分析原材料费用总额的变动，可以首先将原材料费用总额指数分解为原材料消耗总量指数和单位原材料价格指数，然后考虑将原材料消耗总量指数分解为产品产量指数和单位产品原材料消耗量指数。因此，原材料费用总额指数=产品产量指数×单位产品原材料消耗量指数×单位原材料价格指数

如果用q表示产量，m表示单位产品原材料消耗量，p表示单位原材料价格，则原材料费用总额指数体系可表示为：

$$\frac{\sum q_1 m_1 p_1}{\sum q_0 m_0 p_0}=\frac{\sum q_1 m_0 p_0}{\sum q_0 m_0 p_0}\times\frac{\sum q_1 m_1 p_0}{\sum q_1 m_0 p_0}\times\frac{\sum q_1 m_1 p_1}{\sum q_1 m_1 p_0}$$

从变动的绝对量上看，则存在如下关系：

$$\left(\sum q_1 m_1 p_1-\sum q_0 m_0 p_0\right)=\left(\sum q_1 m_0 p_0-\sum q_0 m_0 p_0\right)+\left(\sum q_1 m_1 p_0-\sum q_1 m_0 p_0\right)+\left(\sum q_1 m_1 p_1-\sum q_1 m_1 p_0\right)$$

（四）相对指标的因素分析

相对数是由两个有联系的统计指标进行对比而得到的，这两个指标的变动都会影响相对数的变动，故也可进行因素分析。其理论和方法如下。

设 A 为数量指标，B 为质量指标。如$C=A/B$，所以

$$\frac{C_1}{C_0}=\frac{A_1/B_1}{A_0/B_0}=\frac{A_1/B_0}{A_0/B_0}\times\frac{A_1/B_1}{A_1/B_0}A_1/B_1$$

$$A_0/B_0\ =\left(A_1/B_0-A_0/B_0\right)+\left(A_1/B_1-A_1/B_0\right)$$

或

$$C_1-C_0=\left(C_0'-C_0\right)+\left(C_1-C_0'\right)$$

二、平均指标指数体系及因素分析

（一）平均指标因素分析

由于现象的总平均水平一般都是在分组条件下用加权算术平均法计算得到的，从加权算术平均数公式 $\bar{x}=\sum xf/\sum f$ （或 $=\sum x\frac{f}{\sum f}$ ）中，我们可以看到，平均数水平（ $\bar{x}$ ）的高低受各组变量值（ x ）和总体结构（各组比重 $f/\sum f$ ）的影响，故平均数的变动，即平均指标指数受到两个因素变动的共同影响：①各组变量水平（质量指标 x ）变动的影响；②总体结构（数量指标 $f/\sum f$ ）变动的影响。

我们把同时受两个因素影响的平均指标指数称为可变组成指数，即可变组成指数是反映变量水平和总体结构同时变动的指数；而固定组成指数是只反映变量水平变动的指数；结构变动影响指数则是只反映总体结构变动影响的指数。为了解上述两个因素各自对平均水平变动所产生的影响及其影响程度，可以根据因素分析的原理进行因素分析。

1. 可变组成指数

计算某个现象两个时期总平均水平的变动。计算公式为：

$$\bar{k}_{可变}=\frac{\bar{x}_1}{\bar{x}_0}=\frac{\sum x_1f_1}{\sum f_1}\div\frac{\sum x_0f_0}{\sum f_0}$$

2. 固定组成指数

计算单纯反映各组平均水平变动程度的指数，为此需要将总体结构固定在某一个时期。根据因素分析的通行原则，将总体结构固定在报告期，于是固定组成指数计算公式为：

$$\bar{k}_{固定}=\frac{\sum x_1f_1}{\sum f_1}\div\frac{\sum x_0f_1}{\sum f_1}$$

3. 结构变动影响指数

计算反映总体结构变化对总平均水平变动影响程度的指数，这时应将各组平均水平固定在基期，于是结构变动影响指数计算公式为：

$$\bar{k}_{结构} = \frac{\sum x_0 f_1}{\sum f_1} \div \frac{\sum x_0 f_0}{\sum f_0}$$

可变组成指数、固定组成指数和结构变动影响指数都是反映复杂现象变动的指数，这三个指数构成如下指数体系：

（1）可变组成指数＝固定组成指数×结构变动影响指数

$$\frac{\sum x_1 f_1}{\sum f_1} \div \frac{\sum x_0 f_0}{\sum f_0} = \left[\frac{\sum x_1 f_1}{\sum f_1} \div \frac{\sum x_0 f_1}{\sum f_1}\right] \times \left[\frac{\sum x_0 f_1}{\sum f_1} \div \frac{\sum x_0 f_0}{\sum f_0}\right]$$

（2）总平均数变动绝对额＝各组平均数变动影响额+结构变动影响额

$$\frac{\sum x_1 f_1}{\sum f_1} - \frac{\sum x_0 f_0}{\sum f_0} = \left[\frac{\sum x_1 f_1}{\sum f_1} \div \frac{\sum x_0 f_1}{\sum f_1}\right] + \left[\frac{\sum x_0 f_1}{\sum f_1} \div \frac{\sum x_0 f_0}{\sum f_0}\right]$$

为了便于理解，上述分析过程也可以简化为以下公式

设

$$\bar{x}_1 = \sum x_1 f_1 / \sum f_3$$

$$\bar{x}_0 = \sum x_0 f_0 / \sum f_0$$

$$\bar{x}_0' = \sum x_0 f_1 / \sum f_1$$

则

$$\bar{x}_1 \bar{x}_0 = \frac{\bar{x}_1}{\bar{x}_0'} \times \frac{\bar{x}_0'}{\bar{x}_0}$$

$$\bar{x}_1 - \bar{x}_0 = \left(\bar{x}_1 - \bar{x}_0'\right) + \left(\bar{x}_0' - \bar{x}_0\right)$$

（二）平均指标与总量指标相结合的因素分析

因平均数等于标志总量除以总体单位数，故标志总量等于平均数乘总体单位数，而平均数又受变量水平与总体结构的影响，从而，标志总量便受变量水平、总体结构与总体单位数三个因素的影响。即

因为

$$\bar{x} = \sum xf / \sum f$$

$$\sum xf = \bar{x} \cdot \sum f$$

所以

$$\frac{\bar{x}_1 \cdot \sum f_1}{\bar{x}_0 \cdot \sum f_0} = \frac{\bar{x}_1 \sum f_1}{\bar{x}_0' \sum f_1} \times \frac{\bar{x}_0' \sum f_1}{\bar{x}_0 \sum f_1} \times \frac{\bar{x}_0 \sum f_1}{\bar{x}_0 \sum f_0}$$

第二篇　金融经济与创新发展

第四章　金融市场与创新发展

第一节　金融市场的界定及要素

一、金融市场的定义及功能

（一）金融市场的定义

“市场”这个概念包含的内容是相当广泛的。市场可以指交易关系的建立，例如某产品抢占了市场，实际上是经营者经营某种产品已经与许多客户重新建立买卖关系；市场可以指实现交易的场所，如我们最为熟悉的农贸市场、超级市场；市场也可以指某种商品的销路，如我们说某商品有无市场，就是指这种商品是否有人购买。

经济学家已为金融市场下过不少定义：“金融市场是金融工具转手的场所。”“金融市场是金融资产交易和确定价格的场所或机制。”“金融市场应理解为对各种金融工具的任何交易。”“金融市场是金融工具交易的领域。”①这四个定义的共同点是：都把金融工具的交易作为金融市场的立足点。同时，每个定义又各有侧重点。第一个定义认为，金融市场是一个交易金融工具的“场所”；第二个定义也把金融市场作为场所，但同时强调这个场所“确定价格”的机能；第三个定义却不认同金融市场是场所的概念，提出金融市场应是各种交易本身；第四个定义认为，金融市场是金融工具交易的“领域”。

与商品市场一样，金融市场可以是一个场所，如上海证券交易所和深圳证券交易所，它们都有固定的办理交易业务的大厦。但金融市场也可以不是一个场所，而仅仅是一种交易关系。在科学技术快速发展的今天，通过电脑网络，就可实现金融工具的交易。银行家们最熟悉的货币市场，在大多数国家都没有任何具

① 杜金富．金融市场学（第 3 版）[M]. 北京：中国金融出版社，2018：3.

体的、有形的“场所”，但谁也不会否认这些国家货币市场的存在。用“场所”来定义金融市场恐怕失之偏颇。

市场最主要的机能就是确定所交易对象的价格，金融市场也不例外。但是，有无必要在定义金融市场时强调这一机能，并将其和交易并列起来，是值得讨论的。众所周知，同所有的商品交易一样，金融交易基本上包括三个环节：第一个环节是交易双方发生联系，确定交易的对象和数额；第二个环节是双方计价和还价，共同决定交易对象的价格；第三个环节是买卖成交，买方付钱，卖方交货。可见，交易本身便已包含确定价格的过程。因此，在用金融工具交易的概念定义了金融市场之后，再加上对价格形成机能的强调，便显得没有必要，况且这个定义仍属“场所”概念的同类。

第三个定义实际指的金融市场是多种金融交易关系的总和。这个定义认为不同类型、不同特点、不同形式的金融交易，可分别构成不同类型、不同特点、不同形式的金融市场，而所有的金融交易汇合在一起便构成整个金融市场。实际金融交易关系或交易总和是一个含混不清的概念。既然是总和，就存在多种金融交易或交易关系，而实际上金融交易不能同时存在多种形式。虽然金融市场可以按不同标准划分为多种形式的市场，但要给金融市场下定义，恰恰需要从一般定义上去把握，它必须概括多种形式金融市场最本质的东西。显然，把金融市场定义为金融交易的总和是达不到这样的目的的。

第四个定义认为，金融市场的含义是金融工具交易的领域。金融交易领域既包括了金融交易关系，同时又突破了“场所”的局限；既包括有形金融市场，也包括无形金融市场，是对金融市场一般定义上的概括。

金融市场可分为广义的金融市场和狭义的金融市场。广义的金融市场包括协议贷款市场和公开金融市场。

协议贷款市场是借款人和贷款人之间通过个别协商借贷合同条件，从而实现资金借贷的市场。它主要包括把闲置资金存入银行、向银行借入资金等金融交易市场。存款市场、贷款市场、贴现市场都属于协议贷款市场的范畴。协议贷款市场的主要特点是，金融交易以固定客户的交易关系为限；交易价格（存贷款利率）和条件由双方协商议定，其议定的价格既不适用于下次交易，也不适用于与他人交易。因此，协议贷款市场又称客户市场。

公开金融市场又称非个人性市场，是任何人、任何机构都可以自由进出的市场。在这个市场上，交易工具的价格和条件对所有市场参与者都是公开、公正、公平的。任何符合条件的机构和个人都可以参与交易活动。货币市场、股票市场、债券市场是公开金融市场的典型代表。公开金融市场一般又称狭义金融市场。本书主要介绍狭义金融市场。

（二）金融市场的功能表现

金融市场作为储蓄转化为投资的中介环节和传递机制，最基本的功能是资金汇聚与配置，并由此能够使资金供求双方发现合理的资金价格并有效规避风险，使宏观政策当局能够依据对经济运行周期的判断，依托金融市场调节市场利率，调控货币供求。

1. 资金汇聚与资金配置功能

金融市场不但在资金盈余者和需求者之间充当中介，调剂余缺，而且可以把闲散的消费性货币和手持现金聚集在一起，把不能形成投资规模的小额生产资金聚集成具有投资能力的大额资金，为经济发展提供资金来源，起到资金“蓄水池”作用。资金汇聚功能是金融市场的最基本功能。在一个有效的金融市场上，资金需求方可以很方便地通过直接融资（如股票、债券）或间接融资（如信贷）方式获取资金，而资金供应者也可以通过金融市场为闲置资金找到合意投资渠道。金融市场越是发达，越能在更大的范围内（如国际范围）为筹资人和投资人开辟投融资途径，增加资金供求双方接触机会，便利金融交易，降低融资成本。

资金配置功能是指金融市场可以有效引导资金流向，使资金在更大范围内在不同地区、不同部门之间流动，提高资金的使用效率。如在证券市场上，那些经营业绩好并能给投资者丰厚回报的公司，自然会受到投资者的青睐，社会资金会向其倾斜，使这些公司能够以较为优惠的条件、较低的财务成本，从证券市场上筹集资金。金融市场通过各参与主体对资金需求的自由竞争，发挥着资金流动的导向作用，进而促进社会资源优化配置。

2. 价格发现和风险规避功能

金融市场通过公开、公正、高效、竞争的交易运行机制，形成具有真实性、预期性、连续性和权威性的价格发现过程。一般而言，金融资产的票面价值并不代表其自身的内在价值，只有通过金融市场买卖双方的充分交易，“价格”才能被发现。

金融市场的“价格”发现可以降低市场参与者分担的风险。首先，金融市场可以提供有效分配风险的手段，将风险暴露转移给那些愿意承担风险的人。期货和期权市场可以将价格、利率、汇率等风险从试图减少风险的生产商、投资者手里中转移到专靠风险赚钱的投机者手中。比如，进出口商为了避免汇率风险可以采取买卖远期外汇合约、买进看涨期权或卖出看跌期权的方式进行套期保值；股票投资者可以在购买股票的同时买入股指期货进行风险对冲，避免价格风险。其次，金融市场也可以有效降低投资的非系统性风险。利用金融市场的多层次性和多元性，把财富分散化投资于各种各样的不同资产组合，以降低风险。简单而言，如果将资金平均分配在50只股票上，即便其中一家公司不幸倒闭，损失亦只占投资总额的2%，比单独投资在这家要倒闭的公司而蒙受的损失要少得多。

3. 市场反映和宏观调控功能

金融市场能够汇集微观企业运营、国民经济运行和国际市场变化的各类信息，被认为是国民经济的“晴雨表”和“气象台”，既便于投资者把握各种金融产品的行情和投资机会，也可以让产业部门根据市场价格变动找到或调整自己的经营方向和目标，还可以为国家宏观调控提供平台。

政府部门可以通过金融市场的价格调控和金融调控贯彻其宏观调控意图。价格调控主要是通过金融市场上利率、金融资产收益率的变化来调节资金的供求，进而得以调节由供求关系决定的商品价格。金融调控主要是指利用货币政策来调节一定时期的利率和货币流通总量。货币政策关注的目标主要是利率水平和货币总量。通过利率的调节，可以使社会上的资金在投资（在银行、证券市场等投资）、生产、消费三者之间合理地流动和分配，也可以调节一定时期的货币流量。此外，中央银行还可利用债券市场发行（或回购）一定数量的债券，回收（或投放）相应的基础货币，调节社会货币流通总量。从国际金融市场的角度看，中央银行可通过公开市场业务操作，在金融市场上买进或卖出有价证券来吞吐外汇，从而调节资金供求，控制银根的松紧力度。

金融市场联系着每一个经济行为主体，发达的金融市场体系内部、各个子市场之间也密切相关。尤其是近几十年来，金融市场已经成为政府执行稳定经济和避免通货膨胀政策的主要渠道。通过调节利率和信贷可获得性，政府可以影响公众的借款和支出计划，影响就业、生产和价格的增长。

二、金融市场的四大要素

金融市场和其他商品市场一样，也有交易者，即买者与卖者，有交易的对象，有交易的中介机构和交易的具体形式。我们把金融市场上的各种交易者称为金融市场主体，把金融市场上的交易对象称为金融市场工具，把金融市场交易中介机构称为金融市场媒介，把做成交易的具体形式称为金融市场组织方式。金融市场主体、金融市场工具、金融市场媒介和金融市场组织方式，便构成了金融市场的四大要素。

（一）金融市场主体

金融市场主体即金融市场的交易者，既有自然人也有法人，一般包括企业、政府、存款性金融机构、机构投资者、家庭和非居民六个部门。

1. 企业

在生产经营过程中，由于产供销渠道与环节的差异，周期性和季节性等因素的影响，有一些企业会出现暂时性的资金盈余，而另外一些企业则会出现暂时性的资金短缺。这两类企业除通过银行等金融中介机构进行资金余缺的融通外，资金短缺企业可以在金融市场上发行相应的金融工具得到所需的资金，而资金盈余的企业可以通过在金融市场上购得金融工具，将其暂时盈余的资金投资于生息资产。另外，在创建或扩大生产经营规模时，企业可以发行股票、债券等筹措所需的资金。在金融市场运行中，企业无论是作为资金的需求者还是资金的供给者，均居于非常突出的地位。

2. 政府

政府在金融市场运行中，作为交易者充当双重角色：一是作为筹款者，二是作为调节者和监管者。作为筹款者，政府为了弥补财政赤字，或为了建设公共工程等，在金融市场上发行国债筹措所需资金。作为调节者，政府发行的公债，特别是国库券是中央银行公开市场操作的主要对象，中央银行通过在公开金融市场上买卖国库券和调节金融市场上的货币供应量达到调节经济的目的。此外，政府还是金融市场的监管者。

3. 存款性金融机构

存款性金融机构是一个统计分类称谓，指创造货币的金融机构。这里的存款性金融机构就是指中央银行和商业银行两大类。

在市场经济中，对金融市场的压力一般是通过金融机构启动和传递的。中央银行实施货币政策，开始作用于银行货币头寸，然后影响实际经济部门，这大都通过商业银行以有价证券的调整、票据的贴现、再贴现、同业拆借来实现。而有价证券的调整、票据的贴现、再贴现、同业拆借等通常构成了金融市场上交易活动的内容。更为重要的是，金融企业作为中介机构，一方面代理筹资者和投资者进行融资与投资活动；另一方面本身也可以发行证券筹集资金，如发行大额可转让存单，办理票据贴现再贴现业务，向同业拆入资金，购买有价证券从事投资等。中央银行参与金融市场的目的与其他金融机构有本质的不同。它购买金融市场工具不是因为出现了临时盈余资金，它出售金融市场工具也不是为了筹措资金弥补自己资金的不足。中央银行参与金融市场活动是以实现国家货币政策、调节经济、稳定货币为目的的。中央银行通过买卖金融市场工具，投入或回笼货币，从而控制和调整货币供应量。总之，金融机构既是金融市场的参与者，又是金融市场的创造者，在金融市场中起着重要作用。

4. 机构投资者

机构投资者是指在金融市场从事交易的机构，如保险公司、信托投资公司、投资银行以及各种基金等。

（1）保险公司。无论是人寿保险公司还是财产与灾害保险公司，其业务都不外是出售承保各种险别的证券——保险单，购入不同类型的有价证券进行投资，追求收入最大化以备偿付赔款。

（2）信托投资公司。信托投资公司也称投资公司，这类金融机构是向投资者（一般是小额投资者）出售自己的股份或发行债券，以所得资金买入各种证券。对小额投资者来说最大的困难是不能购得多样化的证券以降低投资风险，而通过购买投资公司股份或债券，将资金集中起来由投资公司代为投资，既可使证券投资多样化，也能分散风险。

（3）投资银行。投资银行是在资本市场上为企业发行债券、股票，筹集长期资金提供中介服务的金融机构，主要从事证券承销、公司并购与资产重组、公司理财、基金管理等业务。

（4）各种基金。主要指养老金基金、证券投资基金等。它吸收个人为特定目的（如养老、投资等）积攒的现期货币收入，在合同规定的支付期到来之前将这笔资金用于金融投资，购买一些期限长、收益高的金融工具。它的特点在于使小额资金供给者进入市场，把零散的资金汇总成额度大、期限长的资金来源，用于满足大规模的资金需求。

5. 家庭

家庭的货币收入除去必要的消费外，一般会出现剩余，这部分剩余通常会被存入银行，或购买股票、债券等，家庭是金融市场上的重要资金供给者和金融工具购买者。作为金融工具的出卖者，其动机较为复杂。有时是为了筹措资金购买另外的金融工具以转变资金投向；有时是为了利用未来的收入增加现期消费，追求消费最大化，如借入住房抵押贷款等；有时是为了避免风险或进行投机；等等。

6. 非居民

非居民是指国外的自然人、法人、政府机构、国际组织及其他经济组织。随着经济的发展和融资需求的提高，本国居民不仅在国内融资，还可到国外融资，如到国外发行股票和债券等筹集资金，到国外建立公司投资或购买国外的政府债券等。这些在国外投融资的交易对手是非居民，非居民参与的金融市场，又称国际金融市场。国际金融市场是附属国内金融市场的对外部分，其参与者不仅有本国居民，还包括非居民。随着经济全球化的发展和各国对外开放程度的不断提高，非居民成为金融市场的重要力量。

（二）金融市场工具

金融市场工具，简称金融工具，它是资金短缺部门、单位（借入资金的部门、单位或筹资者）向资金盈余部门、单位（借出资金的部门、单位或投资者）融入资金所出具的契约或凭证。金融工具对资金融出者来说，是金融资产；对资金融入者来说，是金融负债。从表面看，金融工具是金融市场交易的对象，实则金融市场交易的是资金本身。

金融市场上的金融工具种类繁多，主要有同业拆借资金、票据、回购协议、外汇、债券、股票、黄金、金融衍生工具、投资基金份额（基金单位）和资产证券化等。

（1）同业拆借资金。同业拆借资金既指银行等金融机构在同业拆借市场上交易的资金，也就是指银行等金融机构在同业拆借市场上的交易工具。

（2）票据。票据是出票人自己承诺或委托付款人，在指定时期或见票时无条件支付一定金额，并可流通转让的有价证券。它作为融资转让的信用工具主要通过票据的承兑和贴现等环节来实现。

（3）回购协议。回购协议是指证券资产的卖方在卖出一定数量的证券资产的同时与买方签订的在未来某一特定日期按照约定价格购回所卖证券资产的协议。回购协议的实质是一种以证券资产作抵押的资金融通。

（4）外汇。外汇是指外国货币及用外币表示的用于国际结算的支付手段。外汇买卖实际是资金交易。外汇是外汇市场的交易工具。

（5）债券。债券是债务人在筹集资金时，依照法律程序发行，向债权人承诺按特定利率和日期支付利息，并在特定日期偿还本金，从而明确债权债务关系的有价证券。债券是债权债务交易的工具。

（6）股票。股票是投资入股和分红的凭证。股票与债券的根本区别在于，股票是投资入股的证券，而债券是借款的证券。

（7）黄金。黄金既有货币属性，又有商品属性。黄金既作为商品，也作为金融产品在金融市场上买卖。

（8）金融衍生工具。金融衍生工具是指以“杠杆”或信用交易为特征，以货币、债券、股票等传统金融工具为基础而衍生的金融工具。它既指一种特定的交易方式，也指由这种交易方式形成的一系列合约。金融期货、金融期权、远期、互换等都属于金融衍生工具。

（9）投资基金份额（基金单位）。投资基金是将投资者的资金集中起来投资于金融或非金融资产的集体投资。购买基金份额的那些单位由此将其风险分散到基金的所有工具上。投资基金包括共同基金和单位信托基金。投资基金采用公司结构时，发行基金份额；采用信托结构时，发行基金单位。

（10）资产证券化。资产证券化既是一种融资方式，也是一种金融产品。资产证券化是在资本市场上进行直接融资的一种方式。金融机构或其他企业单位凭借其持有的缺乏流动性但又能够产生可预见的、稳定的现金收益的资产为担保，通过对其风险与收益进行重组安排，发行可以在金融市场上销售和流通的有价证券，并以此向证券投资人筹集资金。这些可以在金融市场上销售和流通的有价证券就是资产证券化产品。

（三）金融市场媒介

在比较发达的市场上，资金的融通或金融工具的交易，大多数是通过金融市场媒介进行的。金融市场媒介作为融资双方的代理人，可以提高金融市场的运作效率，是金融市场不可缺少的部分。

金融市场上的媒介是多种多样的。为介绍方便，我们将这些媒介分为两类：金融市场的经纪人和金融机构。前者主要完成市场媒介的职能，后者着重于市场媒介的存在形态和活动方式。但在金融市场的实际运作中，两类媒介并非泾渭分明，而是相互交叉完成媒介职能的。

1. 经纪人

经纪人是指在金融市场上为交易双方成交撮合并从中收取佣金的商人或商号。经纪人一般都具有专业知识，熟谙市场行情和交易程序，对交易双方的资信有深刻了解，因此，许多交易主体都喜欢通过经纪人进行交易。可以说什么地方有市场，什么地方就有经纪人。经纪人是金融市场运行中不可缺少的中介。

金融市场作为一个市场体系，包括许多具体的子市场，金融市场的经纪人种类也很多。我们主要研究以下几类。

（1）货币经纪人，又称市场经纪人，是指在金融市场上充当交易双方中介并收取佣金的中间商人。它根据经纪业务的不同分为同业拆借经纪人、票据经纪人、短期证券经纪人。货币经纪人获利的途径为收取佣金和赚取利差。

（2）证券经纪人是指在证券市场上充当交易双方中介和代理买卖而收取佣金的中间商人。他可以帮投资人选择投资证券并获得“席位”后直接进入证券交易所进行交易。证券经纪人可以是个人经纪人，也可以是法人经纪人，还分为佣金经纪人、两元经纪人、专家经纪人和零股经纪人等。①佣金经纪人，即接受客户委托，在证券交易所内代理客户买卖有价证券，并按固定比率收取佣金的经纪人。他们通常在交易大厅里专为客户买卖证券，证券交易所中的大多数证券交易，都是通过他们完成的。②两元经纪人。他们是专门接受佣金经纪人委托，代理买卖有价证券的经纪人，因而又称交易厅经纪人或居间经纪人。当佣金经纪人同时接受许多委托买卖证券时，便将其中的某些业务，尤其是尚未完成或不易完成的委托请两元经纪人代为买卖。这类经纪人在美国最为流行。③专家经纪人。专家经纪人指佣金经纪人的经纪人。他们接受佣金经纪人的委托而进行业务活动，并不直接与客户打交道。④零股经纪人。零股经纪人是指专门经营不满一个交易单位（通常100股为一个交易单位）的经纪人。

（3）证券承销人，又称证券承销商，是指以包销或代销方式帮助发行人发行证券的商人或机构。

（4）外汇经纪人，又称外汇市场经纪人，是指在外汇市场上为促成外汇买卖双方的外汇交易成交的中介人。外汇经纪人既可以是个人，也可以是中介组织，如外汇中介行或外汇经纪人公司等。

2. 金融机构

在金融市场特别是证券市场上，充当交易中介的金融机构很多，主要有证券公司、证券交易所、商业银行等。

（1）证券公司。证券公司是金融市场上最主要的中介机构。它通过承购包销证券业务，即代理证券发行人承购推销所需发行的证券，使证券发行机构与购买证券的投资者完成证券买卖。它通过代理买卖业务，即作为客户代理人，代买代卖有价证券。自营业务，即证券公司作为投资者直接购买有价证券，使已发行的证券在二级市场上交易更为活跃。此外，证券公司还从事投资咨询业务。证券公司的主要功能在于提高证券市场运行的效率，一方面，它通过向客户提供投资咨询和投资服务，将资金最有效地分配在收益比较高的部门或企业；另一方面，证券公司通过承销、包销代理业务和自营业务，提高了证券的交易效率。

（2）证券交易所。证券交易所是专门的有组织的证券买卖交易场所，如中国的上海证券交易所、深圳证券交易所等。严格地讲，证券交易所不属于金融市场上的中介机构，而是服务性的中介机构。因为证券交易所本身不参加金融工具的交易，只是提供买卖双方能够顺利进行交易的场所或设施，属于服务于证券交易活动的组织。但从整个金融工具交易活动来看，证券交易所又是不可缺少的，从这方面讲，它们也属于金融市场上的中介机构。

（3）商业银行。它是指专门经营代理金融业务的金融机构，也是金融市场上重要的中介机构。商业银行最传统的业务是承兑票据，充当票据市场的支付中介人；代企业发行证券，为企业发行证券承包，充当资本市场的发行代理人；经营外币债券，充当外汇市场的中介。

此外，金融公司、财务公司、票据公司、信托公司、信用合作社以及国外金融机构，也在金融市场上起着重要的中介作用。

（四）金融市场组织方式

前面我们介绍了金融市场交易的双方、交易对象的媒介，这已具有了形成市场的可能性。但要使双方相互联系，共同确定交易价格，最终实现转让交易对象的目的，还需要把交易双方和交易对象通过金融市场媒介结合起来，这便是市场的组织方式。金融市场的组织方式主要有两种：拍卖方式和柜台方式。

1. 拍卖方式

在以拍卖方式组织的金融市场上，所有的金融交易都采取拍卖的方式成交。金融交易中的拍卖和其他商品拍卖一样，是买卖双方通过公开竞价来确定买卖成交价格。现在公开竞价有两种方式：一种是由出售人高声呼喊加手势报出金融市场工具的要价，通过购买人之间的激烈竞争，报出买价，最后将金融工具出售给出价最高的购买人；另一种是买卖双方不直接见面，通过计算机配对，在时间优先、价格优先的原则下，实现成交。所谓时间优先，是指同样价格，先提出的优先成交；所谓价格优先，是指对购买者而言，在同一时间，价格高的优先，对出售者而言，价格低的优先。

拍卖方式分单向拍卖和双向拍卖。单向拍卖中的交易双方，一方是一个交易群体，即一批要购买或出售同一金融工具的交易单位；而另一方只有一个交易单位。由后者报出买卖金融工具的出价或要价，前者中的各个交易单位围绕着报出价格展开竞争，或竞相抬价以求买进，或竞相压价以求售出。最后，单独的交易单位将要出售的金融工具卖给出价最高的交易对方，或从价格最低的交易对方买进金融工具。双向拍卖中的交易双方都是交易群体，交易双方在买卖某种金融工具时，以该工具上次成交的价格为基础，分别提出各自的出价和要价。买方希望以较低价格买入，而卖方力求以较高价格卖出。针对双方出价和要价的差距，在买卖群体中展开竞争。买方群体中不断有人为买进而抬高出价，卖方群体中不断有人为卖出而降低要价，报出价格逐步接近，直至双方群体中的最高出价和最低要价相等便可成交。

金融市场工具的拍卖是在交易所内进行的。进入交易所内的人并不全是实际上要买进和卖出金融工具的市场参与者，而是受人委托代理他们买卖的经纪人和股票交易商。这些经纪人和股票交易商都是由作为交易所会员的经纪人公司和证券公司派出的。这些金融市场的专业机构受实际投资人、筹资人、保值人或投机人的委托，按委托人规定的条件，以尽可能有利的价格进行交易。这是拍卖方式的一个显著特点。

2. 柜台方式

柜台方式与拍卖方式不同，它不是通过交易所把众多交易集中起来，以竞价方式确定交易价格，而是通过作为交易中介的证券公司来买卖金融工具。金融工具的买卖双方都分别同证券公司进行交易，或将出售的金融工具卖给证券公司，或从证券公司那里买进想要购买的金融工具。

在以柜台方式组织的金融交易中，买卖价格不是通过交易双方的直接竞争来确定，而是由证券公司根据市场行情和供求关系自行确定。对证券公司同意交易的工具，推出买入价格和卖出价格，宣布愿以该买入价格购买该种工具，同时愿以该卖出价格出售该种工具。这种挂牌方式称为双价制。证券公司一旦报出双价，在报出新双价之前，不得拒绝以报出的买入价格买入该种工具，也不得拒绝以报出的卖出价格出售该种工具。证券公司报出的双价中，买入价格略低于卖出价格，其价差便是证券公司的利润。

第二节 金融市场的组织与结构

金融市场为什么要有金融机构参与，它们都发挥着怎样的作用，这一节主要讨论这些问题。

一、金融机构的作用及分类

（一）金融机构的主要作用

金融机构在金融市场上承担着独特的角色。它既是金融市场上的重要中介机构，是储蓄转化为投资的传递者和导向者，又是金融市场上的供给者和需求者。

金融机构的作用如下。

第一，信用中介。在金融市场上，往往因资金供给者与需求者对资金金额和期限的要求不一致，使融资受阻。金融机构特别是商业银行可以吸收不同金额、不同期限的存款，并把这些资金集中起来，购买不同期限、不同金额的证券等，从而使金融市场上不同期限、不同金额的资金供求得到满足。金融机构在金融市场上充当信用中介，起到资金汇集和分配的作用。

第二，支付清算。金融机构通过其网络，为商品交易和资本转移提供诸如支票、信用卡等各种支付清算工具。

第三，实现规模效应，降低交易成本。金融机构存在的一个重要原因，是它们拥有处理信息不对称问题的能力。在金融市场上，众多的投资者都需要了解资金需求者的有关情况。若没有金融机构的中介作用，资金供需双方都需要花费相当多的时间和金钱来寻找合适的交易方，这就必然存在相当高的搜索成本。之后，双方为了达成一个完备的契约，也需要付出一定的谈判成本。金融机构具有规模经济优势，并且能够进行多元化的经营，这样可以节约资金供需双方的投融资成本。

第四，承担并分散风险。金融机构可以将风险较高的资产转变为风险较低的资产，有的金融机构就是为了这个目的而设立的，如保险公司。金融机构可以通过金融创新使金融产品增加，为金融市场提供多样性和高流动性的金融工具，从而分散风险。另外，随着金融风险产品的增加，专门从事风险管理的金融机构也在增加，如各种保险基金、投资基金等。

（二）金融机构的不同分类

这里主要从业务内容、功能和市场定位三个方面来分类。

1. 按照业务内容分类

按所从事业务的不同，金融机构可分为：①以融资业务为主的金融机构，包括商业银行、政策性银行、储蓄银行、城市信用合作社、农村信用合作社、财务公司、金融信托投资公司、金融租赁公司等；②以投资服务业务为主的投资类金融机构，包括证券公司、投资银行、投资基金管理公司等；③以保障服务业务为主的保险类金融机构，包括各类保险公司和养老基金、政府退休基金、失业保险基金、医疗保险基金等管理机构；④以金融信息咨询业务为主的信息咨询服务类中介机构，主要有信息评估公司、征信公司等。

2. 按照功能分类

依据是否具有信用创造功能，金融机构可分为货币性金融机构和非货币性金融机构两种。货币性金融机构是指直接参与"货币"创造的金融机构，包括中央银行和商业银行；非货币性金融机构是指不直接参与"货币"创造的金融机构。非货币性金融机构又进一步细分为三类：第一类是储蓄机构；第二类是保险组织；第三类是其他金融机构，主要有融资公司、投资公司、证券交易所、证券经纪人以及货币贷款商等。

3. 按照市场定位分类

按照所属的市场领域，金融机构可分为银行性金融机构与非银行性金融机构。银行性金融机构包括政策性银行、商业银行和各种专业银行，非银行性金融机构是指那些经营各种金融业务但又不称为银行的金融机构。非银行性金融机构种类繁多，包括证券公司、投资公司、投资信托公司、保险公司、合作金融机构、金融租赁公司、财务公司等。

二、金融市场经营性中介机构

金融市场经营性中介机构主要有中央银行、商业银行、信托投资公司、投资银行、保险公司、基金公司等。

（一）中央银行

中央银行是发行的银行、银行的银行和政府的银行。中央银行并非追求利润最大化，而是要实现整个经济的一定目标。中央银行既是金融市场经营中介机构，也是重要的金融监管当局。

中央银行最基本的职能是维护金融稳定，制定和实施货币政策及提供金融服务。

中央银行在金融市场上发挥独特的作用，它通过买卖金融工具，投放或回笼货币，调节市场货币供应量，实现货币政策目标。同时，中央银行又是市场上的最后贷款人，维护金融市场体系的稳定。一旦金融市场发生系统性风险，中央银行要发挥最后贷款人的作用，向市场释放流动性或紧缩银根。

（二）商业银行

商业银行是典型的存款类金融机构。

商业银行的基本职能有：通过吸收存款和发放贷款等业务发挥信用中介职能；办理货币收付、结算、转移存款等业务发挥支付中介职能；通过资产和负债业务创造派生存款，从而发挥信用创造的职能；通过提供代理等业务发挥金融服务等功能。

商业银行在金融市场上既提供金融中介服务，如代理发行票据等有价证券，代理清算金融市场融资等，又是金融市场的创造者和参与者，如发行金融债券和票据等，办理票据的贴现和转让，从事同业拆借市场的拆入和拆出等。

（三）信托投资公司

信托投资公司是在信托业务中充当受托人的金融机构。

信托投资公司的主要职能有：代人理财，发挥财务管理的职能；筹措长期资金用于投资，发挥融通资金的职能；作为代理人、见证人、担保人、介绍人、咨询人、监督人，发挥纽带、咨询的职能；运用信托业务手段参与社会投资活动，发挥社会投资的职能。

信托投资公司的主要业务有：办理信托存款、信托贷款、信托投资、信托代理、咨询等业务。信托投资公司可在金融市场上参与融资业务，或为金融市场的供需者，同时又参与咨询等服务活动，是金融市场的媒介。

（四）投资银行

投资银行是指经营一部分或全部资本市场业务的金融机构。

投资银行的主要业务有：证券发行、证券交易、兼并与收购、基金管理、理财顾问、创业投资、项目融资、金融工程等。

根据投资银行业务与商业银行业务是否交融来区分，世界各国投资银行的模式可以分为两大类型：分业经营模式和混业经营模式。分业经营模式是指投资银行业务和商业银行业务相分离，分别由两种金融机构相对独立经营的模式。混业经营模式是指投资银行业务与商业银行业务相结合，均由综合型银行提供。

（五）保险公司

保险公司是指提供保险业务的金融机构，通常划分为人寿保险公司与财产保险公司、原保险公司和再保险公司。

保险公司的主要职能有：通过承保业务，收取保费，把被保险人的风险集中在自身，同时对受到损失的被保险人进行赔付，从而发挥经济补偿职能；把累计的和暂时不用于赔付的各项准备金用于投资活动，从而发挥保险资金投资的职能；在保险业务过程中，发挥防灾、减灾的职能。

保险公司在金融市场中主要作为投资者出现，但也与其他金融机构一起，创造金融产品，成为筹资者。

（六）基金公司

基金是指一种利益共享、风险共担的集合证券投资方式，即通过发行基金单位，集中投资者的资金，由基金托管人托管，由基金管理人管理和运用资金，从事股票、债券等金融工具投资，并将投资收益按基金投资者的投资比例进行分配的一种间接投资方式。

基金公司是指通过向投资者募集资金，运用自身专业化优势进行投资管理的企业法人。按照资金来源的不同，基金公司可分为公募基金公司和私募基金公司；按照投资范围的不同，可分为证券投资基金和股权投资基金。一般来讲，公募基金公司的资金来源于向社会不特定投资者公开发行受益凭证的证券投资基金，因此，公募基金公司一般为证券投资基金。而私募基金公司的资金来源于向社会特定投资者不公开发行证券，此类投资者一般拥有大量资金，风险承受能力较强。因此，私募基金一般投资风险较高的未上市股权，以期未来获得丰厚回报。同时，私募基金也可从事证券投资。

基金公司的资金来源广泛，投资的专业化管理水平较高，是金融市场中重要的机构投资者。

三、金融市场服务性中介机构

金融市场的服务性中介机构主要有证券交易所、期货交易所、证券登记结算公司、证券投资咨询公司等。

（一）证券交易所

证券交易所是专门的、有组织的证券市场，是证券买卖集中交易的市场。证券交易所只为证券买卖提供交易的场地，本身并不参加证券买卖，也不决定买卖的价格，证券买卖双方在交易所内公开竞争，通过出价与还价的程序来决定证券的成交价格。由此可见，证券交易所是为证券买卖双方提供的一个公开交易的场所，是一个有组织、有效率的市场。证券交易所作为一个买卖证券的有组织的公开市场，具有以下基本特征：一是证券交易所自身并不持有和买卖证券，也不参与制定价格；二是交易采用经纪制方式；三是交易按照公开竞价方式进行；四是证券交易所有着严格的规章制度和运作规程；五是证券交易的过程完全公开，及时公布上市证券的行情和统计资料。

证券交易所的组织形式有会员制和公司制两种。

1. 会员制证券交易所

会员制证券交易所是一个由会员自愿出资共同组成、不以营利为目的的法人团体。交易所会员必须是出资的证券经纪人和证券商，只有会员才能参加证券交易。交易所由会员共同经营，共同分担费用。会员同交易所的关系不是合同关系，而是自治自律关系，这是会员制交易所同公司制交易所的不同之处。会员制交易所的最高权力机构是会员大会，由会员大会选举产生理事会。会员大会的主要职权是：制定证券交易所章程，选举和罢免理事，审议理事会和总经理的工作报告以及交易所的财务预算、决算报告，决定交易所的其他重要事项。理事会则为交易所的决策管理机构，其主要职权是：执行会员大会决议，批准新会员申请，对违章会员进行处分，拟定、修改交易所业务规则，聘任总经理，审定总经理提出的工作计划、财务预决算方案等。

2. 公司制证券交易所

公司制证券交易所是采取股份公司组织形式，由股东出资组成，以营利为目的的法人团体。这种交易所的股东不参加证券交易，只是出资建立，为证券商和证券经纪人提供交易的场所、设施及服务，以保障证券交易的公正性。进场交易的证券经纪人和证券商都与交易所签订合同，购买席位，缴纳经营保证金。交易所的主要收入是按证券买卖成交额收取佣金。其最高决策机构为董事会，董事会、监事会均由股东大会选举产生。公司章程中还应明确规定参与公司组织作为股东的证券经纪人和证券商名额、资格和公司存续期限。

（二）期货交易所

期货交易所是买卖期货合约的场所，是期货市场的核心。期货交易所本身不进行交易活动，不以营利为目的。虽然期货交易所是非营利机构，但也讲究利益核算。在这个意义上，交易所还是一个财务独立的营利组织，它在为交易者提供一个公开、公平、公正的交易场所和有效的监督服务，并在此基础上，帮助交易者实现合理的经济利益，包括会员会费收入、交易手续费收入、信息服务收入及其他收入。它所制定的制度规则为整个期货市场提供了自我管理机制，使得期货交易的“公开、公平、公正”原则得以实现。

期货交易所按照交易合约标的物的不同大致可分为商品期货交易所和金融期货交易所。商品期货交易是指只需支付定金，通过商品交易所买进或卖出期货合约，这种期货合约已是商品交易所规定的标准化契约，通常期货交易不涉及实物所有权的转移，而只是转嫁与这种所有权有关的由于商品价格变动带来的风险。商品期货的种类包括金属期货、农产品期货和能源期货等。金融期货交易与商品期货交易类似，区别在于金融期货交易所主要交易金融期货品种，包括股票指数期货、股票指数期权、国债期货、外汇期货以及外汇期权等金融衍生产品。

国际上主要的期货交易所有芝加哥商业交易所（CME）、芝加哥期货交易所（CBOT）、纽约商业交易所（NYMEX）、纽约期货交易所（NYBOT）、伦敦金属交易所（LME）等。目前，我国国内期货交易所有上海期货交易所、大连商品交易所、郑州商品交易所和中国金融期货交易所等。

（三）证券登记结算公司

证券登记结算公司是指专门为证券与证券交易办理存管、资金结算交收和证券过户业务的中介服务机构，它是独立的企业性质的证券服务机构。

证券登记结算公司的职能包括以下几个方面。

1. 中央登记职能

中央登记职能即统一管理投资者证券账户，包括开立证券账户、修改开户资料、证券账户的挂失及补发等；上市证券的发行登记，包括新股发行登记、遗留问题股份登记等；上市证券非流通股股份的管理，包括股份的冻结、抵押及法人股、国家股股权的协议转让过户；股东名册管理。

2. 中央存管职能

中央存管职能即结算公司为每个结算会员开设证券存管账户，该账户下设托管账户与自营账户，分别用以记录托管于该结算会员名下及其自身拥有的证券余额及变更情况。利用证券存管账户为客户进行上市证券的股份管理、证券托管与转托管、权益派发、配股认购等。

3. 中央结算功能

中央结算功能内容包括：证券交易的清算过户、证券交易的资金交收、新股网上发行的资金清算等。证券结算公司通过与交易所、清算银行和清算会员的电子联网，对在交易所达成的买卖，以净额结算方式完成证券和资金收付。

（四）证券投资咨询公司

证券投资咨询公司是证券投资者的职业性指导者，包括机构和个人。主要是向客户提供参考性的证券市场统计分析资料，对证券买卖提出建议，代拟某种形式的投资计划等，并收取相应的咨询费。证券投资咨询公司的最大特点，就是根据客户的要求，通过对大量的基础信息资料进行收集、整理和系统的研究分析，向客户提供分析报告和操作建议，帮助客户建立有效的投资策略及确定投资方向。

证券投资咨询公司业务主要包括：①接受政府、证券管理机关和有关业务部门的委托，提供宏观经济及证券市场方面的研究分析报告和对策咨询服务。②接受证券投资者的委托，提供证券投资、市场法规等业务方面的咨询。③接受公司委托，策划公司证券的发行与上市方案。④接受证券经营机构的委托，策划有关的证券事务方案，担任顾问。⑤编辑出版证券市场方面的资料、刊物和书籍等。⑥举办有关证券投资咨询的讲座、报告会、分析会等。⑦发表证券投资咨询的文章、评论、报告以及通过公众传播媒体和电信设备系统提供证券投资咨询服务。

第三节　金融市场的交易机制

功能和机制是研究金融市场的两大关键维度。金融市场的核心功能是在时间和空间上进行资源配置。围绕这一基础性的功能，金融市场还发挥着其他一系列的功能。金融市场的交易机制为金融市场功能的实现提供了微观基础，直接影响证券市场资源配置功能的发挥。

一、银行间债券市场交易机制

银行间债券市场依托于中国外汇交易中心暨全国银行间同业拆借中心和中央国债登记结算公司，是商业银行、保险公司、证券公司等金融机构进行债券买卖和回购的市场。

目前，银行间债券市场已成为我国债券市场的主体部分。其交易主体涵盖商业银行及其授权分支机构、非银行金融机构和非金融机构（如信托投资公司、财务公司）以及经央行批准经营人民币业务的外国银行分行。其交易券种包括但不限于国债、央行票据、政策性金融债、公司债、企业债、中期票据和短期融资券。

（一）交易方式

银行间债券市场的交易方式分为询价和点击成交两种。

1. 询价交易方式

询价交易方式是指交易双方自行协商确定交易价格以及其他交易要素的交易

方式，包括报价、格式化询价和确认成交三个步骤。询价交易方式下，最低交易量为券面总额10万元，交易量最小变动单位为券面总额10万元。

报价分为意向报价、双向报价和对话报价。意向报价是指交易成员向全市场特定交易成员和/或系统用户发出的、表明其交易意向的报价，受价方可根据意向报价向报价方发送对话报价，进行格式化询价。双向报价是指交易成员向全市场发出的、同时表明其买入/卖出或融入/融出意向的报价，交易成员可就双向报价产品（为交易系统事先设定部分交易要素的标准化报价品种）和资产支持证券发出双向报价。对话报价是指交易成员为达成交易向特定系统用户发出的交易要素具体明确的报价，受价方可以直接确认成交。一般情况下，意向报价和双向报价不可直接确认成交；对话报价经对手方确认即可成交。交易系统会根据债券交易子市场设置相应的报价方式。

格式化询价是指交易成员与对手方相互发送的一系列对话报价所组成的交易磋商过程。交易成员可在交易系统允许的轮次内询价。超过允许轮次而仍未确认成交的，格式化询价结束。

确认成交是指交易成员就交易要素达成一致后向交易系统提交确认成交的请求。

2. 点击成交交易方式

点击成交交易方式指报价方发出具名或匿名的要约报价，受价方点击该报价后成交或由限价报价直接与之匹配成交的交易方式。点击成交交易方式下，最低交易量为券面总额100万元，交易量最小变动单位为券面总额10万元。

报价分为做市报价（双边）和点击成交报价（单边）。做市报价是指报价方就某一券种同时报出买入和卖出价格及数量的报价。做市商和尝试做市机构可对其设定的做市券种进行双边报价。点击成交报价是指报价方就某一券种报出买入或卖出价格及数量的报价。

（二）各交易类型及对比

银行间债券市场的交易类型包括现券买卖、质押式回购、买断式回购和债券借贷。

现券买卖是交易双方以约定的价格转让债券所有权的交易行为。可交易券种包括国债、央行票据、金融债、次级债、企业债、国际开发机构债券、短期融资券、资产支持证券等。

质押式回购是交易双方进行的以债券为权利质押的一种短期资金融通业务，指资金融入方（正回购方）在将债券出质给资金融出方（逆回购方）融入资金的同时，双方约定在将来某一日期由正回购方按约定回购利率计算的资金额向逆回购方返还资金，逆回购方解除出质债券上质权的融资行为。正回购方应在首期结算日提供足额质押债券，质押债券的折算比例应符合中国人民银行的规定。回购期间，交易双方不得动用质押的债券。回购到期后，正回购方应按照合同约定全额返还到期回购项下的资金并解除质押关系，且不得以任何方式展期。

买断式回购是指债券持有人（正回购方）将债券卖给债券购买方（逆回购方）的同时，交易双方约定在未来某一日期，正回购方再以约定价格从逆回购方买回相等数量同种债券的交易行为。买断式回购实行净价交易，全价结算。

债券借贷是债券融入方以一定数量的债券为质物，从债券融出方借入标的债券，同时约定在未来某一日期归还所借入标的债券，并由债券融出方返还相应质物的债券融通行为。

二、外汇市场交易机制

除承担银行间债券市场的交易平台职能外，中国外汇交易中心暨全国银行间同业拆借中心也是银行间外汇市场的具体组织者和运行者，主要负责为银行间同业拆借市场、债券市场、外汇市场等提供交易、信息、基准、培训等服务，承担市场交易的日常监测工作，为央行货币政策操作和传导提供服务。

银行间外汇市场交易品种包括外汇即期交易、远期交易、掉期交易、货币掉期交易和外汇期权交易。人民币外汇即期交易的外汇币种包括美元、欧元、日元、英镑、港元、澳大利亚元、加拿大元、新西兰元、马来西亚林吉特和俄罗斯卢布。

下面以外汇即期交易为例，介绍主要交易规则。

（一）中间价与汇率浮动幅度

人民币汇率中间价指交易中心根据央行授权，每日计算和发布人民币对美元等主要外汇币种汇率中间价。根据2017年8月最新公布的人民币兑美元中间价形成方式，交易中心于每日银行间外汇市场开盘前向外汇市场做市商询价，做市商参考上日银行间外汇市场收盘汇率，综合考虑外汇供求情况以及国际主要货币汇率变化进行报价。交易中心将全部做市商报价作为人民币对美元汇率中间价的计算样本，去掉最高和最低报价后，将剩余做市商报价加权平均，得到当日人民币对美元汇率中间价，权重由交易中心根据报价方在银行间外汇市场的交易量及报价情况等指标综合确定。人民币与其他货币汇率之间的中间价形成方式与上述类似，人民币对港元汇率中间价由外汇交易中心分别根据当日人民币对美元汇率中间价与上午9时国际外汇市场港元对美元汇率套算确定。

（二）交易模式

银行间外汇市场的交易模式主要包括竞价交易和询价交易等。竞价交易也称为匿名交易，做市商通过外汇交易系统匿名报价，市场参与者可点击报价或提交订单，系统按照“价格优先、时间优先”的原则进行匹配达成交易，交易双方通过集中净额清算模式进行清算。询价交易是指由双边授信关系的交易双方，通过外汇交易系统发起交易请求、协商交易要素达成交易，并通过双边清算模式或集中金额清算等其他清算模式进行清算的交易模式。

（三）清算模式

清算是指交易的匹配确认、盈亏以及双方支付或交割权利义务的计算、结算指令的发送和到账确认等过程。清算包括集中清算和双边清算两种模式。集中清算外汇交易达成后，第三方作为中央清算对手方分别向交易双方独立进行资金清算。双边清算指外汇交易达成后，由交易双方按交易要素直接进行资金清算。

银行间外汇市场的竞价交易主要为集中净额清算，适用人民币外汇和外币对即期竞价交易（T＋2）和所有人民币外汇和外币对即期竞价会员。询价交易主要为双边清算和集中净额清算，适用人民币外汇即期询价交易（T＋2）和指定会员。

（四）即期交易其他基本要素

除价格（中间价和汇率浮动幅度）、交易模式和清算模式外，银行间外汇市场的其他即期交易要素包括期限、报价精度、最小交易金额和竞价流动性限额。根据不同的货币，人民币外汇即期交易包括T＋0、T＋1和T＋2，而外币对即期交易主要为T＋2（除USD/CAD为T＋1以外）。最小交易金额是指外汇交易在交易系统中允许成交的最低金额，以交易货币金额计。流动性限额则是指在竞价交易模式下，做市商对其买卖报价所承诺的最低可成交金额，以基准货币金额计。

三、金融期货市场交易机制

中国金融期货交易所（以下简称中金所）是经国务院同意，中国证监会批准，由上海期货交易所、郑州商品交易所、大连商品交易所、上海证券交易所和深圳证券交易所共同发起设立的金融期货交易所。

（一）市场进入条件

自然人、一般法人和其他经济组织在申请开户时保证金账户可用资金余额不低于50万元，并且具有累计10个交易日、20笔以上的股指期货仿真交易成交记录或者最近三年内具有10笔以上的商品期货交易成交记录。一般法人和其他经济组织还需满足净资产不低于人民币100万元的条件。

（二）交易标的

目前，在中金所上市的期货合约有沪深300股指期货合约、中证500股指期货合约、上证50股指期货合约、5年期和10年期国债期货。其中，沪深300股指期货合约存在时间最长，以下均以此为例进行介绍。

沪深300指数是在上海和深圳证券市场中选取300只A股作为样本编制而成的成分股指数，其样本覆盖了沪深市场六成左右的市值，具有良好的市场代表性。以沪深300指数为交易标的的股指期货合约，合约乘数为每点300元，最小变动价位为0.2个指数点，合约月份为当月、下月及随后两个季月（季月指3月、6月、9月、12月）。股指期货合约价值为股指期货指数点乘合约乘数。例如，若某日IF1204合约收于2586.20点，则对应的合约价值为$2586.2\times300=775860$元。

（三）交易指令

金融期货市场的交易指令主要分为市价指令和限价指令。市价指令是指不限定价格、按当时市场上可执行最优报价成交的指令，其未成交部分自动撤销。限价指令是指按限定价格或更优价格成交的指令。在买入时，限价指令必须以其限价或者限价以下的价格成交；在卖出时，必须以其限价或者限价以上的价格成交。

交易指令的报价只能在合约价格限制范围内，超过价格限制范围的报价为无效报价。交易指令申报经交易所确认后生效。交易指令每次最小下单数量为1手（1张合约），市价指令每次最大下单数量为50手，限价指令每次最大下单数量为100手。

（四）交易时间与竞价交易

股指期货的最后交易日为合约到期月份的第三个星期五，遇国家法定节假日顺延。

此外，股指期货竞价交易采用集合竞价和连续竞价两种方式。集合竞价是对在规定时间内接受的买卖申报一次性集中撮合的竞价方式，连续竞价是对买卖申报逐笔连续撮合的竞价方式。集合竞价采用最大成交量原则，即以此价格成交能够得到最大成交量。高于集合竞价产生的价格的买入申报全部成交；低于集合竞价产生的价格的卖出申报全部成交；等于集合竞价产生的价格的买入或者卖出申报，根据买入申报量和卖出申报量的多少，按照少的一方的申报量成交。连续竞价交易按照价格优先、时间优先的原则撮合成交。以涨跌停板价格申报的指令，按照平仓优先、时间优先的原则撮合成交。

（五）涨跌幅

股指期货合约的涨跌停板幅度为上一交易日结算价的±10%。季月合约上市首日涨跌停板幅度为挂盘基准价的±20%。上市首日有成交的，于下一交易日恢复到如今规定的涨跌停板幅度；上市首日无成交的，下一交易日继续执行前一交易日的涨跌停板幅度。

（六）保证金

中金所实行保证金制度，保证金是交易所向结算会员收取的用于结算和担保合约履行的资金。保证金分为结算准备金和交易保证金。结算准备金是指结算会员在交易所专用结算账户中预先准备的资金，是未被合约占用的保证金。交易保证金是指结算会员存入交易所专用结算账户中确保履约的资金，是已被合约占用的保证金。买卖成交后，交易所根据交易保证金标准和持仓合约价值向双方收取交易保证金。

股指期货合约最低交易保证金标准为合约价值的8%（对应12.5倍杠杆）。若股指期货交易出现涨跌停板、单边无连续报价（单边市），或交易所认为市场风险明显变化，交易所可以根据市场风险状况调整交易保证金标准，并向中国证监会报告。交易所调整期货合约交易保证金标准的，在当日结算时对该合约的所有持仓按照调整后的交易保证金标准进行结算。

（七）结算与追加保证金

中金所实行当日无负债结算制度。当日收市后，交易所按照当日结算价对结算会员所有合约的盈亏、交易保证金及手续费、税金等费用进行清算，对应收应付的款项实行净额一次划转，相应增加或者减少结算准备金。结算会员在交易所结算完成后，按照前款原则对客户、交易会员进行结算；交易会员按照前款原则对客户进行结算。

结算完毕后，结算会员的结算准备金余额低于最低余额标准时，该结算结果即视为交易所向结算会员发出的追加保证金通知，两者的差额即为追加保证金金额。交易所发出追加保证金通知后，可通过期货保证金存管银行从结算会员专用资金账户中扣划。若未能全额扣款成功，结算会员应在下一交易日开市前补足至结算准备金最低余额。未能补足的，如结算准备金余额小于结算准备金最低余额，不得开仓；如结算准备金余额小于零，按照《中国金融期货交易所风险控制管理办法》的规定进行处理。

单边市指某一合约收市前5分钟内出现只有停板价格的买入（卖出）申报、没有停板价格的卖出（买入）申报，或者一有卖出（买入）申报就成交，但未打开停板价格的情形。

（八）持仓限额制度

中金所实行持仓限额制度。持仓限额是交易所规定的会员或者客户对某一合约单边持仓的最大数量。同一客户在不同会员处开仓交易，其在某一合约单边持仓合计不得超出该客户的持仓限额。股指期货合约持仓限额具体规定为：①进行投机交易的客户号某一合约单边持仓限额为100手；②某一合约结算后单边总持仓量超过10万手的，结算会员下一交易日该合约单边持仓量不得超过该合约单边总持仓量的25%；③进行套期保值交易和套利交易的客户号的持仓按照交易所有关规定执行，不受某一合约单边持仓限额为100手的限制；④会员、客户持仓达到或者超过持仓限额的，不得同方向开仓交易。

（九）强行平仓

中金所实行强行平仓制度。当会员和客户出现一些特定情形时，交易所可以对其持仓实行强行平仓，如结算会员结算准备金余额小于零且未能在第一节结束前补足、持仓超出持仓限额标准且未能在第一节结束前平仓，或者出现违规、违约行为等。强行平仓的价格通过市场交易形成。

第四节　金融与经济发展的关系

在金融发展过程中，实体经济发挥着关键作用。目前，国际上对金融与经济的关系仍然处于研究中，还没有形成统一的结论，但是通过实践和理论研究得出，金融过度或是抑制都会影响社会经济的发展。现如今，国民经济正处于发展的重要阶段，非常需要金融提供大量的资金支持，而金融市场也需要不断改革和发展。新时代背景下，我们要正确处理好金融与经济的关系，结合经济发展的变化和趋势，不断完善金融体系和制度，全面发挥出金融经济和实体经济的功能和优势，形成两者共赢发展的局面。

一、金融与经济良性互动的影响因素

（一）金融外部环境方面，引发市场波动

改革开放以来，我国经济发展一直处于稳步上升的趋势，金融产品也在逐步优化和升级。一直以来，实体经济都是金融发展的重要保障，进而逐渐凸显出自身的经济优势。为了更好地形成金融和经济共同发展的局面，就要求两者处于良性发展状态，给企业提供更多的融资途径，最终为市场经济的稳定运行奠定基础保障。

（二）融资标准对企业发展的影响

银行在金融体制改革下，逐渐开始落实相关的法律法规政策，依照法律流程办事。由于银行在社会上占据特殊的位置，大部分情况下，银行要想实现转型就要采取一刀切的手段。银行的信贷都是建立在国家政策和标准基础上的，这让很多中小型企业都面临着信贷危机，企业一旦没有了经济资金支持，其发展将会受到影响。市场的快速发展让各个领域的所需要的资金也处于日益剧增的状态，如果持续发展下去将会降低经济效益，导致企业原有的利润收入受到影响。现如今，我国企业也正处于发展的关键时期，规模越庞大，所需资金数量就越多，国民经济也需要担负起更多的资本需求。如果企业在投资建设中不深入研究金融风险问题，而是盲目追加投资，则会在资金流动方面产生越来越多的问题和矛盾。

二、金融与经济良性互动的有效策略

（一）合理调整金融融资标准

为了更好地确保金融市场发展的稳定性，应该通过调整金融政策的方式，保证金融经济的持续发展。由于金融行业的特殊性，如果融资标准设置不合理，将会对实体经济中的企业运行产生影响。因此，需要结合市场实际情况，随时调整金融政策，合理设置融资标准。融资标准不管是宽松还是严苛，都不利于金融经济和实体经济的稳定发展。此外，大部分企业的融资问题，不仅仅是融资标准不合理造成的，更多的来源于市场材料价格波动，企业进行盲目的投资，而导致企业资金不足。这时，商业银行提供银行贷款服务，是企业解决资金不足问题的主要途径之一，一旦融资标准过严，企业将会处于发展的困境中。所以，需要在国家法律法规的指导下，合理制定融资标准，进而满足实体经济发展需求。此外，对于企业而言，应该随时关注金融政策的改革和变化，做好内部管理，提前预防资金风险，并且寻找多条融资途径和渠道。

（二）有效提升金融风险管控力度

不管是实体经济，还是金融经济都处于随时变化的状态。两者相比之下，金融经济发展的影响因素更多，也对实体经济产生着重要影响。因此，加大金融风险管理力度相当重要。首先，在金融机构运行中，应该完善相关的金融风险监管制度，时刻注意金融市场的发展动态。其次，在金融市场中，风险具有一系列的连锁反应，一旦其中一家机构产生风险问题，那么很可能会引发整个金融行业的风险问题。所以，在金融风险管控中，除了企业自身加强风险管理外，政府应该发挥出外部监管部门的作用，规范金融市场的秩序，对非法金融活动实施严惩，进而创造出一个良好的金融发展环境，降低金融风险发生率。此外，相关监管部门也应该不断研究金融风险控制的有效手段，对现有制度存在的问题及时进行调整，并且提出解决措施，全面防止金融风险逐步扩散。

（三）积极改善金融生态建设环境，弥补传统金融的不足

金融经济和实体经济存在互相制约和影响的关系，在实体经济发展中，经常不可避免地发生很多问题，其中涉及企业面临的资金不足问题。因此，在社会经济发展的重要阶段，需要建立良好的金融生态环境，发挥出金融经济对实体经济的重要作用。此外，从金融市场发展现状来看，互联网金融的发展给传统金融业造成了冲击，也降低了很多金融机构的利润。如果金融机构没有充分考虑到对实体经济的影响，只是盲目调整方式，在破坏金融生态环境的基础上，还会影响实体经济的发展。金融机构在面对互联网金融冲击时，应该借鉴互联网金融的优势，全面改进和弥补传统金融业务的缺陷和问题，不断优化业务流程，为融资业务提供全面支持。

（四）有效发挥金融市场对实体经济发展的支撑作用

在确保金融市场稳定发展的基础上，发挥出金融行业对实体经济发展的支撑作用，通过更多的融资途径，不断优化和更新金融产品和服务，推出更多信贷产品、普惠金融等，促使小型企业成为金融市场服务的对象。此外，我国中小企业的发展对促进国民经济的发展发挥着关键的作用，国家出台了各种优惠政策，支持中小企业的发展，进而实现金融经济和实体经济的良性互动，发挥出两者的优势，带动社会经济的持续发展。

综上所述，在当前经济形势下，金融市场应该合理调整融资标准，国家也应该不断推出金融优惠政策，实现金融经济和实体经济的相互融合，发挥出两者的优势和功能，进而更好地适应实体经济发展需求。

第五章　金融监管及其体系重构研究

第一节　金融监管的基本理论

一、金融监管的含义及必要性

（一）金融监管的含义

在市场经济条件下，必须对经济实行宏观调控和监督，金融监管是经济监督的重要组成部分。根据金融监管主体的不同，金融监管有狭义和广义之分。狭义的金融监管是指金融监管部门依据国家法律、法规的授权对整个金融业（包括金融机构以及金融机构在金融市场上所有的业务活动）实施的监督管理。广义的金融监管除包括上述监管之外，还包括金融机构的内部控制与稽核、同业自律性组织的监管、社会中介组织的监管等。在实践中，对于金融监管用其狭义的概念较多。

金融监管要解决好以下几个问题：第一，为什么需要进行金融监管（why）；第二，谁来进行金融监管，即监管的主体是谁（who）；第三，谁是金融监管的对象，即监管的客体是谁（whom）；第四，监管什么，即监管的内容是什么（what）；第五，通过什么手段来进行金融监管（how）。这五个问题可以概括为“5w”。

从金融监管的含义中我们不难看出，金融监管需要解决好5w的问题，即金融监管的原因、主体、客体、内容和手段。一般来说，一个有效的金融监管体系必须具备三个最基本的要素，即监管的主体（监管当局）、监管的客体（监管对象）和监管的手段（各种方式、方法、工具等）。金融监管的手段将金融监管的主体和客体联结起来。

一个国家或地区的金融体系是金融监管的对象，中央银行或其他金融监管部门是金融监管的主体。金融监管的主体是作为社会公共利益的代表，运用国家法律赋予的权力监管整个金融体系的特殊机构。

（二）金融监管的必要性

金融监管的必要性主要体现在两个方面：一是市场有其不完善性，这就需要政府或其他部门对市场参与者进行管理。换言之，所有监管本质上都是对市场不完善性的一种补充、完善和修正。金融监管也不例外。金融市场机制失灵现象的存在，使得政府有必要对金融机构和市场体系进行外部监管。二是从金融的发展来看，金融在经济体系中的地位显著增强，随着现代科技的发展和金融创新的不断涌现，金融业务之间的界限被不断打破，不同金融机构之间和不同金融工具之间的界限也日益模糊，金融发展日趋国际化，国际资本不断扩张，与此同时，金融领域的风险也在急剧增大，因此，通过监管来保证金融业的稳健运行非常重要。

二、金融监管的构成体系

金融监管的构成体系是全面的，它包含的内容十分丰富，这里重点分析金融监管体系中几个重要的部分，即金融监管的理论体系、组织体系以及内容体系。

（一）理论体系

金融监管的理论是通过观察和经验积累形成的关于金融监管实践的理性认识和总结，它会随着实践的发展而不断丰富和发展。金融监管理论体系大体上可划分为以下三个层次。

1. 基础理论

这是指金融监管理论体系中最一般的或根本性的理论，它是对那些揭示金融监管普遍本质和一般发展规律的知识体系的探求。金融监管基础理论的内容，主要是金融监管的一系列概念、范畴和规律等基本问题，具体包括金融监管的本质与定义、监管目标、监管对象、监管职能、监管方法、监管程序、监管证据、监管原则和监管基本假定等。它具有三个基本特点，即基础性[①]、战略性[②]和实践性。

2. 应用理论

这是指金融监管理论体系中的应用性理论。它是对金融监管实务操作方面的知识体系的探求。它的主要特点是实用性和可操作性。它的内容一般包括两个方面：一是金融监管准则；二是各种金融监管实务操作的具体程序和具体方法等。

3. 相关理论

这是指金融监管理论体系中与金融监管相关联的其他学科，如管理学、社会学、财政学、金融学、审计学、会计学、财务管理、金融法学等相关理论。它的主要特点是复杂、多样。一个良好的金融监管实践者应当具有渊博的金融知识和丰富的实践经验。

尽管金融监管的基础理论、应用理论和相关理论三者是各自独立、自成一体的，但它们又是相互交叉、相互渗透的。三者相辅相成，有机结合，共同构成了金融监管的理论体系。这样，以金融监管目标为核心，以金融监管假定为基础，再加上一系列金融监管的概念和范畴，便可构造出一个较为完整的金融监管理论体系。

（二）组织体系

金融监管的组织体系是根据监管模式设立的一整套监管机构。

1. 从监管对象的角度看

从监管对象的角度看，金融监管的组织体系大体上包括以下四部分。

（1）监管主体系统。目前，世界上主要国家和地区的金融主管机关大致有以下三类：一是财政部；二是中央银行；三是另外的独立于财政部和中央银行的政府部门。按此标准划分，我国应属于第三类。按照“分业经营，分业监管”的

① 它研究的任务和目的是解决理论和实践的基本问题，即如何正确认识金融监管实践以及如何从一般意义上正确组织金融监管实践。

② 它研究的功能是长远的，具有战略性。金融监管基础理论某项研究的重大突破，常常会给整个金融监管理论与实践的发展带来变革。

原则，我国由国家金融监督管理总局、中国证券监督管理委员会分别对银行业、保险业、证券业实施监管。另外，我国的中国人民银行、财政部金融司、审计署金融审计司等部门也承担一定的金融监管职责。

（2）金融机构内部控制系统。金融机构内部控制系统主要包括内控机构、内控设施、内控制度。各金融机构都要建立与本系统业务发展相适应的内部审计部门或稽核部门，这些部门具有相对独立性、超脱性和权威性。金融机构建立内控设施包括建立系统网络和相对集中的数据处理中心，这样既可以改善内部控制的非现场监测条件，运用系统网络观测各经营机构的财务、资产等业务指标的变化情况，又可以有效防止或减少乱调账、乱改账等违规行为的发生。另外，各金融机构还要建立相应的内控制度。

（3）金融业行业自律系统。为避免金融机构之间的不正当竞争，规范金融行为，建立行业自律监管是不可或缺的。金融业自律监管主体主要是行业公会或协会，如中国银行业协会、中国证券业协会等。行业公会是一种民间的金融监管机构，可以制定行业公约，加强行业管理，协调各方面的关系，有利于监管当局实施宏观金融管理，维护有序的金融环境。

（4）体制外金融机构监管系统。体制外金融机构监管系统主要包括社会舆论监督体系和社会监督机构，体制外金融机构监管系统可以鼓励和动员全社会都来关心和协助金融业的监管，通过建立严格的社会举报制度和查处程序形成强大的社会监督威慑力，督促各金融机构依法经营和规范行事。同时，可以充分利用会计师事务所、审计师事务所、律师事务所等协助监督管理。

2. 从监管当局的角度看

从监管当局的角度看，金融监管的组织体系大体上包括以下两部分。

（1）监管系统。监管系统由监管机构及各级监管部门组成。

（2）监管后评价系统。监管后评价系统包括四个组成部分：一是执法监督领导组织。该组织的职能在于协调，其成员包括监管机构负责人，内部审计、法律、监察和监管部门负责人。执法监督领导组织听取金融执法情况汇报，对重大监管问题进行集中讨论、审议和决定。二是内审部门。内审部门负责监督监管行为的合规性，独立、客观、公正、全面地审查监管部门执行监管政策法规的严肃性和监管者履行监管职责的合规性。三是法律部门。法律部门负责监督监管行为的合法性，为监管工作提供法律依据，规范监管行政处罚行为。四是监察部门。监察部门负责监督监管行为的廉洁性，对监管人员的违法违纪行为进行检查、处罚和事后监督等。

（三）内容体系

金融监管的内容可进行以下分类。

一是按金融机构监管范畴划分为金融机构行政监管和业务监管。前者是指对各金融机构的设立、撤并、升格、降格、更名、迁址、法人资格审查、证章牌照管理、业务范围界定、资本金年审等的监管，后者是指对金融机构的经营范围、存贷款利率、结算、信贷规模、资产负债比例、现金、信贷资产质量、经营风险、账户、业务咨询、存款准备金等的管理、监测和检查。

二是按监管性质划分为合规性监管与风险性监管。前者是指对金融机构设立的审批、信贷资金管理、中央银行基础货币监管、结算纪律监管、账户管理监管、外汇外债监管、金融市场监管、社会信用监控、金融创新规范化监管、证章牌照真实性检验等，后者是指监测金融机构的资本充足性、资产流动性、资产风险性、经营效益性等风险性指标。

三是从监管的主要内容或范围看，主要表现为市场准入监管、业务运营监管和市场退出监管三个方面。

第二节 金融监管与金融稳定

金融稳定是一个全球性课题。金融是现代经济的核心，因此，金融危机的爆发通常波及面广，会造成严重的经济损失。

一、金融稳定概念

事实上，金融的不稳定源于金融自身的发展。从本质上讲，金融是一种暂时的跨期交换行为，即资金提供方通过暂时让渡资金的使用权或控制权来换取资金在某一相应时间内价值的增值，而资金的借用方以承诺实现资金价值增值而获得一段时间内资金的使用权。但这种交换的关键在于交易双方之间的信用。由于金融交易行为和承诺的实现受到各种因素的制约，因此，以信用为基础的金融行为的本质特征即金融风险。

可见，金融稳定是指金融系统的各主要组成部分及其决定因素能够良好运作，并能抵御系统内部和外部的冲击，从而促进经济发展的一种动态过程。

金融稳定概念的内涵可以从以下几个方面加以理解。

首先，金融稳定是一个广义概念。金融稳定不仅涵盖金融体系本身的各个方面——金融基础设施、金融机构、金融市场和金融监管框架，也涵盖对金融体系产生直接重大影响的国际、国内宏观经济运行的相关政策以及本国的财政状况。其中，金融基础设施（包括金融法规、监管框架、支付体系、统计数据的质量和透明度、会计制度和破产框架等）是金融体系赖以稳健运行的基础。国际货币与金融体系的运行对一国金融稳定产生着深刻的影响，货币稳定是金融稳定的重要组成部分。由于金融体系处于经济的核心地位，且其各个组成部分之间联系紧密，因此，维护金融稳定是一项全面、系统的工程。

其次，金融稳定同金融体系（市场）的自我调节与自我约束能力相关。面对系统内部和外部的冲击，健全的金融体系会形成有弹性的市场调节，可在一定程度上防止失衡苗头演变为系统性风险，而不健全的金融体系却会因无力应对局部的、较小的冲击而崩溃。

再次，金融稳定是一个相对概念，其稳定程度可通过金融不稳定对经济的潜在影响来衡量。如果金融市场的波动或金融机构的变动不会对经济运行造成重大的破坏性冲击，就不应将其视为对金融稳定的威胁。事实上，一家金融机构的支付困难甚至倒闭以及资产价格的波动等，都可能是经济体系的自我调节和自我约束机制发生作用的结果，属于微观金融风险的“单体释放”，而非金融危机。金融危机是指金融机构普遍陷入严重困境，并对社会经济运行产生严重破坏影响的状况。因此，在不存在系统性金融风险的情况下，此类现象也应视作金融稳定的范畴。

最后，金融稳定是一个动态概念。由于金融具有不断发展和创新的特点，金融稳定在本质上就具有动态性。此外，金融系统还包含着许多相互关联且不断演变的因素。因此，金融稳定是以预期为基础的、依赖众多要素共同作用的一种动态过程。随着外部环境的改变，在某一时点构成金融稳定性的因素，在另一时点可能会削弱金融稳定性甚至走向反面。

需要注意的是，金融稳定具有多重特性，对金融稳定应综合评估，不能用单一的、简单的量化标准来衡量。评估金融稳定状况不仅要考虑金融体系的危机，而且要分析危机产生的原因，因此，须采用前瞻性的方法对金融稳定状况进行评估，并将政策性工具传导的滞后效应纳入评估要素。金融稳定政策常常具有多重目标，如保护存款人的利益（审慎工具的目标）、促进价格稳定（货币政策的目标）或者促进金融交易的及时清算（支付和清算系统政策的目标）。除了存在时滞效应，各有关政策工具对于金融稳定不同方面的影响常常是不一致的，在有些情况下还会与维护金融稳定的某些局部目标发生冲突。因此，在处置金融风险过程中必须慎重，局部利益必须服从整体利益。

二、金融安全网及构建

（一）金融安全网的基本内涵

金融安全网是政府用以预防和应对金融业遭受不利冲击导致的传染性挤兑破坏的一组政策制度设计。从流程角度划分，它包括预防性管理、应急管理和市场退出管理三部分，其中，预防性管理主要是指对金融机构的市场准入、经营行为的监督管理，以及公众信心稳定机制和安全预警机制；应急管理主要是指如何对困境中的金融机构进行救助，以稳定金融系统；市场退出管理主要是指对不良金融机构的处理，亦即市场退出政策。金融安全网所使用的制度工具有审慎监管、存款保险制度、最后贷款人制度、市场退出政策等，其涉及的制度执行主体包括金融监管当局、存款保险机构、中央银行等。

金融安全网的各组成部分构成一个紧密衔接、有机结合的整体。它们各有特点，相互影响，其功能具有耦合性与互补性。一方面，无论是否存在存款保险和最后贷款人制度，审慎监管都承担着对金融业的监督管理职能，因而是金融安全网的第一道防线，它主要承担“预防”功能，并有助于弥补存款保险和最后贷款人制度中存在的缺陷，如道德风险和市场纪律放松，从而成为防止滥用金融安全网的重要屏障。另一方面，存款保险与最后贷款人制度在金融机构救助中发挥互补作用，两者都有保护存款人利益、维护金融稳定的作用。但前者是直接的，后者是间接的；前者是法定的，后者多取决于央行自由裁量，是随意的；前者通过防止挤兑来保护存款，后者通过保护存款来防止挤兑。最后，市场退出机制是金融安全网最后一道防线，其作用在于对不可救助的金融机构，以法定程序妥善处理债权债务关系，降低经营失败对社会的影响，保持金融体系稳定。

（二）我国金融安全网的构建

当前我国的金融安全网由分业经营、分业监管的金融监管体系、政府“兜底”的隐性存款保险制度、以央行再贷款为主要手段的最后贷款人制度以及政府行政主导下的金融机构接管、撤销等退市制度组成。

为实现金融业长治久安，在提高效率的基础上推动我国金融体系长期可持续发展，应当按照“积极稳妥推进市场化改革进程，在提高效率的基础上实现金融稳定与金融发展，在动态稳定中实现金融效率提升”的总体思路，在准确把握我国国情的基础上，借鉴成熟市场经济国家相关经验，积极稳妥地重构我国金融安全网。在重构过程中，应坚持如下基本点。

（1）激励相容。金融安全网设计必须注意控制道德风险，而要消除道德风险，最根本的是按照激励相容原则，使安全网的运行尽可能模拟市场运作，或至少创造一些市场激励机制。

（2）切合国情。金融安全网应该建立在健全的制度基础之上，体现它所处的特殊金融体系和经济系统的特征，必须注意和宏观经济政策的协调。为了保证有效性，安全网制度安排还应具备准确、动态评估所处金融体系结构特征，并能对金融机构的变化迅速作出反应调整。

（3）成本与收益权衡。设计和运行良好的金融安全网，必须全面权衡收益和成本。为了防止安全网的成本超过其收益，设计者必须在初始成本、监管费用、安全性、市场活跃度和参与者反应之间实现微妙的平衡，特别是应从制度层面杜绝自觉或不自觉地扩展安全网而增加边际成本的行为。

（4）有限保护。即金融安全网必须置于市场约束的基础上，例如通过市场淘汰低效率金融机构，通过对存款提供部分保护使存款人产生选择银行的激励，控制过度保护导致的道德风险，防止风险在金融体系积聚。

（5）完整性。金融安全网一是应覆盖从金融机构进入到退出的全过程；二是原则上应覆盖所有商业性金融机构，包括跨国经营的机构；三是功能必须完整，从审慎监管、存款保险制度到最后贷款人缺一不可，因为各种安全网制度与工具之间更多体现为互补而非替代关系，结构上任何部门安排失当都会破坏安全网整体功能。

（6）透明度。金融安全网功能的有效发挥需要法律的有效实施、健全的会计和信息披露系统的支持，三者都与透明度原则有关。在制度运行过程中，一方面，各金融机构有关资产、负债、财务收支、风险状况、高管人员的信息均应依法披露，以便监管部门和公众及时掌握信息；另一方面，作为安全网基础的有关法律法规应当公之于众。

（7）制衡与协调。国际清算银行的研究表明，单一监管者的制度模式会导致监管不充分和对监管对象过于宽容。为此，需将审慎规则的制定、监管执行、最后贷款的提供与存款保护等权力及资源在金融安全网不同部门间合理分配，以相互制衡来改善制度执行效果。要最大化金融安全网的整体功效，发挥合力而非相互掣肘，必须实现安全网参与者在信息沟通、紧急救助等方面的协调配合。权利义务的具体划分与本国公共政策、历史传统与法律有关，但制衡与协调原则应有助于本国金融安全网参与者建立起既竞争又合作的关系。

第三节 金融监管的协调与合作

一、金融监管协调概述

（一）金融监管协调的含义

一国范围内的金融监管协调是指一个国家或地区的各个金融监管主体为了实现金融监管的整体有效性，降低成本，提高效率，通过各种机制以实现监管工作的统一和协调。按照监管主体协调范围的大小，金融监管协调有狭义和广义之分。狭义协调的监管主体特指金融监管的政府机构，包括中央银行、专门的金融监管机构（如国家金融监督管理总局）和政府有关部门（如财政部门、审计部门）。广义协调的监管主体除了以上各政府部门外，还包括金融行业公会、专门的服务性机构（如会计师事务所、资信评级机构）等。由于狭义金融监管协调的主体承担了绝大多数的监管工作，因此，一般所说的金融监管协调主要是指狭义的金融监管协调。

各金融监管主体在监管的总体目标上具有一致性，即维护金融体系的安全与稳定，促进金融业的健康快速发展。各金融监管主体通过积极有效的协调合作来共同确保总体目标的实现。与此同时，为了发挥具体的监管职能、实现各自的监管目标，各监管主体还需要拥有一定的监管独立性，以便在职责范围内通过合法的秩序、方式、手段实施严格的金融监管。从表面来看，实现监管协调与保持监管独立性可能会出现时期性或阶段性的矛盾冲突。但从更深层次来讲，金融监管作为一项系统、复杂的工作，既要强调各监管主体相互之间的协调，又不可忽视其主权独立性。只注重监管独立性、忽视监管协调将导致整体监管的混乱无序，而只注重监管协调、忽视监管独立性将削弱具体监管主体的职能，也会进一步影响整体监管的有效性。因此，只有深入研究并处理好监管协调与监管独立性两者之间的关系，才能真正实现金融监管的总体目标。

（二）金融监管协调的必要性

第一，适应时代发展变化提出的新要求。自20世纪六七十年代以来，世界各国金融创新层出不穷，金融自由化、全球化趋势越来越明显，金融监管的工作难度不断加大。金融业日新月异的发展变化要求对过去的金融监管体制及时进行改革完善。在这种时代背景下，各国越来越重视加强金融监管主体之间的协调合作，以实现总体监管目标。

第二，确保监管主体职责明确到位。目前，世界各国的金融监管模式主要有分业监管模式和统一监管模式两种。无论是在分业监管模式下各个监管主体之间，还是在统一监管模式下各个监管主体之间，都需要既有明确的职责分工，又有良好的协调合作，这样才能避免出现监管真空和重复监管的现象。

第三，解决监管具体分工中可能出现的矛盾。金融监管的总体目标是维护金融业的安全稳定并促进其快速发展。各金融监管主体在总体目标一致的情况下，因职能分工的不同，也有可能在各自的具体监管目标上产生矛盾，这就需要相互之间的沟通与协调。

第四，提高金融监管整体效益。金融监管也涉及成本效益核算问题。监管主体之间的信息共享、工作互助合作等协调机制，能够避免重复监管，从整体上节约监管成本，提高监管效率，实现监管效益最大化。

二、金融监管协调的主要内容

（一）金融监管协调的主体分析

各国金融监管体制不同，因此，金融监管协调的主体也各不相同。一般来说，承担监管职责的主体是一国的监管当局、中央银行以及政府有关部门。为实现监管协调的有效性，各国首先要明确监管主体的具体职责分工。其次，各个监管主体要在监管目标理念、方式手段、人员素质等各方面努力提高自身的监管能力和水平，否则将难以实现更高层次的监管协调。另外，可以探索在比金融监管主体更高的层次上，由国家出面组织成立专门机构或指定专门部门负责管理各监管主体日常的监管协调工作，以及在必要时担任最高指挥官和最终决策者的角色。

（二）金融监管协调的工作机制

金融监管协调的工作机制是各金融监管主体针对协调工作制定的完整、系统的制度或规定性安排。目前，世界各国在金融监管协调机制的建立、健全方面尚处于探索实践阶段，建立有效的金融监管协调机制要结合本国的国情和金融监管体制，不同经济体系、不同金融发展阶段的国家可以采取不同的协调机制。同时，各国之间也要通过相互学习借鉴来完善本国的监管协调机制。

第四节　数字金融下金融监管体系重构

随着数字化时代的到来，各国的金融行业也正在发生变化。创新技术如区块链、人工智能、大数据等正深刻地改变着金融服务的形态与方式，重塑着金融市场的格局。然而，这种激进的技术变革也伴随着新的风险和挑战，金融监管体系更加严格。传统监管模式在面对数字金融带来的高度复杂性、全球性跨界交易以及数据隐私等问题时不再适用，所以，需要重新构建金融监管体系，以适应数字化、高度互联的金融环境。

一、数字金融时代下重构金融监管的必要性

（一）突破传统思维的框架

传统的金融监管模式在面对复杂且高速发展的数字金融领域时，越发无法

满足实际需求，因此重构金融监管体系变得极为必要。这种重构不仅需要突破传统思维的框架，还要充分利用创新技术，以高效、智能的方式实现金融市场长久发展。

传统监管体系的框架难以适应日益复杂的数字金融业务和新兴技术的不断涌现。随着区块链、人工智能、大数据等技术的广泛应用，金融市场正经历着从传统业务模式向数字化和智能化业务模式转变。然而，这种转变在现有监管框架下可能面临诸多障碍，从而限制了金融创新的发展。因此，必须突破传统思维的束缚，重新设计监管机制，使其更加适应数字金融时代的需求。

（二）强化风险导向的监管原则

在这个不断演进的金融环境中，传统监管模式无法完全满足日益复杂的金融创新和科技变革所需。重构金融监管体系不仅需要引入新的思维和方法，还需要坚持强化风险导向的监管原则，以应对数字金融时代中不断演变的风险和机遇。

数字金融时代的风险呈现出更高的复杂性和潜在性，因此，强化风险导向的监管原则变得尤为重要。传统监管模式主要以事后追溯为主，往往难以及时洞察新兴风险。而在重构金融监管体系时，应更加注重风险预测与防范，使监管更具前瞻性。通过大数据分析、人工智能等技术手段，监管机构可以更准确地识别潜在风险，及时制定相应措施，在风险出现之前进行干预。

另外，强化风险导向的监管原则也更加需要注重个体化监管。数字金融时代，金融机构和产品呈现多样性，风险特征也变得更为分散和个体化。因此，监管不能仅套用通用性的监管标准，而是需要根据不同金融机构的特点和风险程度，进行差异化监管。这就需要监管机构具备更强的定制化监管能力，以更好地适应数字金融领域的复杂性。

（三）提升监管的适应性和灵活性

数字金融时代的特点在于其高速变化和不确定性，传统的刚性监管模式难以与之相匹配。为了更好地适应市场的变化，金融监管体系需要更具适应性。这意味着政策和方法必须能够随着市场的发展而不断调整，使其与金融市场保持同步。只有具备高度适应性的监管体系，才能更好地应对新兴金融模式、业务创新和风险隐患的挑战。

同时，重新构建金融监管体系需要着重考虑灵活性。在数字金融时代下，金融市场发展迅速，新技术层出不穷，传统的监管方法已无法跟上发展的步伐。因此，监管机构需要具备灵活的监管工具和策略，以便迅速调整监管政策，及时识别和应对新兴风险。强调灵活性的监管还能鼓励金融创新，为金融机构提供更多成长空间，从而推动金融市场的更好发展。

二、数字金融时代金融监管重构的思路

（一）整合跨界数据，实现信息共享与监测

在数字金融时代，金融交易和业务跨越国界，呈现出高度的全球化特征。然而，不同国家和地区的监管机构之间普遍存在信息孤岛的现象，导致了监管的不完整和不准确。为了更好地应对这一挑战，监管重构需要聚焦于整合跨界数据。

信息共享与监测的目标不仅在于更好地了解金融市场的整体风险态势，还在于及时识别新兴风险。通过数据的整合与分析，监管机构可以更敏锐地捕捉市场的变化和风险信号，从而能够更及时地采取相应的监管措施。此外，整合数据还有助于建立更准确的风险评估模型，从而提高监管的精确性和有效性。

（二）引入智能合约与区块链技术的监管创新

智能合约和区块链技术的引入为金融监管带来了新的动力。智能合约是一种能够自动执行的计算代码，在数字金融交易中无须人工干预即可执行合同条款。区块链技术则提供了分散和去中心化的数据存储与传输方式，确保交易数据的透明性和不可篡改性。将这些技术应用于金融监管，将使监管机构更迅速、更准确地验证交易、评估风险并进行合规检查，为监管体系注入新的能量。

引入智能合约与区块链技术的监管创新也有助于提升监管的透明性和效率。监管部门可以建立基于区块链的数据共享平台，金融机构和监管机构可以实时共享数据，实现监管信息的高效流转。智能合约的自动执行特性还可以实现合规性检查的自动化，减少人工错误和降低欺诈风险。

（三）以数据驱动的监管模式应对动态风险

数据在数字金融时代具有巨大的价值，其广泛的应用为监管提供了新的机

遇。传统的监管往往依赖静态的报表和信息，无法及时反映市场动态和风险变化。然而，数据驱动的监管模式将监管从被动转变为主动。通过实时收集、分析和挖掘大数据，监管机构可以更加准确地了解金融市场的状态和风险，及时发现异常情况和走向。

以数据驱动的监管模式也有助于提高监管的灵活性和前瞻性。通过分析大数据，监管机构可以更好地预测风险，及早采取预防措施。此外，数据分析还可以揭示隐藏在大数据背后的模式和关联性，帮助监管机构更好地了解市场行为和情况，从而调整监管策略。

第六章　新经济时代的金融发展探究

第一节　互联网经济与互联网金融发展

1995年美国安全第一网络银行的兴起，标志着互联网金融的诞生，开创了金融发展新纪元。之后互联网金融在全球各个区域快速发展，已成为全球金融业重要组成部分之一，并逐渐渗透到经济社会生活的各个方面，深刻改变着人们的生活方式，已经成为世界各国关注的热点。进入新时代，互联网金融建设在我国受到了极大重视，有力地推动了我国社会经济的快速发展。

一、互联网金融发展概述

关于互联网金融，可以直接理解为“互联网＋金融”，是在传统金融发展的基础上引入互联网要素，以互联网的方式方法创新传统金融运作模式。事实上，互联网金融的出现为实体经济领域的企业资金运作提供了便利。实践中，互联网金融的发展也存在着一些潜在风险，如法律监管漏洞、资金安全问题、信息不透明等。对此，应一分为二地看待互联网金融现象，客观辩证地理解，既要看到互联网金融的优势，明确互联网金融应用的合理性，也要看到互联网金融的劣势，鼓励互联网金融创新，加强互联网金融引导，促进互联网金融朝着良好的方向发展。

现今，谈及互联网金融人们不再陌生，甚至可以说出很多关于互联网金融的看法。互联网金融在国内的发展大致可分为两个阶段：一个是初期阶段，这一阶段主要是“互联网＋”金融的发展模式，以互联网技术为金融业务提供纯粹的技术服务；另一个是发展阶段，这一时期互联网技术与金融业务进一步融合，催生了一系列的线上业务，如手机银行、手机证券。同时，互联网金融的第三方支付应用越来越广，这得益于手机终端支付技术的创新和实践。而今，人们早已习惯了手机支付的消费场景，也享受着通过互联网金融平台在手机终端的网页、App、小程序等进行理财投资所带来的便捷。

二、促进互联网金融健康发展的建议

（一）建立健全我国信用体系

建立健全社会信用体系以降低信用风险。在我国经济飞速发展的背景下，人民生活水平也日益提高，因而对金融机构提出了更高要求。中国人民银行作为我国最大的征信机构之一，在为国有商业银行、股份制银行、小额贷款公司以及保险公司等提供服务的同时，也面临着巨大挑战。统一征信平台是解决当前我国征信系统存在问题的有效途径之一，可以按照信息主体、行业风险、市场风险、政策风险等将其划为五级。依托中国人民银行征信系统，收集并吸纳网络借贷平台及其他非银行的征信信息，尽量解决信息不对称的问题，减少逆向选择和道德风险等问题。建立健全互联网金融信用评价体系，增强消费者对互联网金融业务的信任，提升服务质量，降低逆向选择发生概率，进而提高征信系统的公信力，促进征信业务的健康发展。

（二）加强对我国互联网金融监管

互联网金融属于新型金融模式之一，它的快速发展使得既有金融监管与调控很难维护广大消费者的合法利益。这主要是因为互联网金融是由各产业交叉融合而衍生出来的新兴产业，其监管也同样需要多个部门互相配合协调才能共同完成。从这个意义上讲，也就是需要央行、中国证监会与公安部各部门联合成立监管小组来对互联网金融立法与执法的相关工作进行监督，既要制定相应的行业标准控制各种风险，又要优化我国互联网金融法律法规。首先，要加强互联网金融监管体制建设，将互联网金融纳入国家宏观调控范围；其次，在法律上明确监管主体地位，确保各方权责一致；最后，加强对互联网金融风险的管控，增强人民安全防范意识。

（三）强化互联网金融风险管理

在技术风险上，要强化计算机网络安全，加大对相关设施的投资力度，增强防攻击和防病毒的功能。通过建立防火墙、入侵检测系统对网络系统进行防御保护，确保信息传输安全畅通。加强对互联网金融相关法律法规的研究工作，利用先进的计算机技术完善互联网金融的计算机安全体系，通过计算机网络身份认证以及网络加密技术防范网络风险。

总之，互联网金融作为信息时代传统金融与互联网融合的产物，在互联网技术越来越发达的大环境下，已经成为拉动我国经济增长的新动力。互联网金融是以互联网为依托，通过网络进行支付结算、资金融通的金融业务活动。它将金融与科技深度融合，实现金融资源的优化配置和高效利用，从而创造新的经济增长点。然而，在互联网金融迅猛发展的同时，也面临着诸多问题，如何化解这些问题给互联网金融带来的负面影响，对推动互联网金融的健康平稳发展有着非常重要的意义。

第二节 数字经济与数字金融发展

近年来，我国金融服务和数字渠道创新不断升级，数字经济取得重大突破，应运而生的数字金融也得以快速发展。目前，数字金融的发展正在经历从简单数字化到智能化的转变，这也是数字金融发展的必然趋势。随着数字经济逐渐成为世界经济结构改革的重要组成部分之一，数字金融发展越发受到重视。

一、数字经济时代的数字金融发展机遇

（一）拓展金融服务的边界

在数字经济时代，数字金融为拓展金融服务的边界提供了巨大的机遇。传统金融服务主要依赖于实体渠道和传统银行机构，受到时间和空间的限制。然而，随着互联网技术和移动支付等创新应用的快速发展，数字金融打破了传统金融服务的局限性。

首先，数字金融提供了更广泛的金融服务覆盖面。通过互联网和移动设备，人们可以轻松访问各种金融产品和服务，无论是存款、贷款、投资还是保险等。这使得那些远离城市中心或缺乏传统银行渠道的地区居民也能够享受到高质量的金融服务。

其次，数字化技术提高了跨境支付和跨境交易的便利性。随着全球化不断加深，越来越多的企业开始开展国际贸易活动。数字金融通过提供在线支付解决方案和电子商务平台等工具，简化了跨境支付和交易的流程，降低了成本和风险，

提高了效率。

（二）提高金融服务的效率和便利性

数字金融为提高金融服务的效率和便利性带来了新的机遇。传统金融服务通常需要人工操作和处理纸质文件，耗时长且容易出错。而数字金融基于互联网技术和自动化系统，实现了大规模数据处理、实时交易和智能化决策。

数字金融通过自动化系统实现了快速、准确的交易处理。在传统金融中，许多交易需要通过人工操作完成，往往存在信息不对称、操作错误等问题。而数字金融借助智能合约和区块链等技术，可以实现自动验证、执行和记录交易，大大提高了交易的安全性和效率。

数字金融通过大数据分析和人工智能等技术提供个性化的金融服务。传统金融通常采用标准化的产品设计和服务模式，无法满足个体客户多样化的需求。然而，在数字经济时代下，通过收集、分析客户数据，并运用人工智能算法进行个性化推荐和风险评估，数字金融可以为客户提供更加精准化和个性化的金融产品和服务。

（三）促进金融创新和创业

数字金融为金融创新和创业带来了良好的机遇。传统金融行业通常由少数大型银行主导，对于小型企业和初创公司来说，获取资金和市场准入往往是一项艰巨的任务。而数字金融通过降低市场准入门槛、提供多样化的资金来源以及推动技术创新等方式，促进了金融创新和创业的发展。

数字金融通过互联网平台为小微企业提供了更多的融资渠道。传统金融机构对于小微企业的贷款审批相对保守，存在信息不对称等问题。而数字金融平台通过运用大数据分析、信用评估模型等技术手段，能够更全面地评估小微企业的信用状况，并为其提供更加灵活、便捷的借贷服务。

数字经济时代下的数字金融为金融科技创新提供了广阔的舞台。随着人工智能、区块链、大数据等技术的发展，金融科技创新不断涌现。数字金融通过为金融科技企业提供合作机会和市场平台，推动了金融科技创新的快速发展。

（四）增强金融包容性和发展普惠金融

数字金融为增强金融包容性和发展普惠金融提供了重要机遇。传统金融服务往往只能满足一部分人的需求，许多低收入人群和农村地区居民无法享受到高质量的金融服务。而数字金融通过降低交易成本、简化流程和扩大服务覆盖面，为这些人群提供了更多机会。

数字金融通过移动支付和电子钱包等方式扩大了支付手段的选择范围。在传统金融中，银行卡和现金是主要的支付工具，但是对于一些农村地区居民或者没有银行账户的人来说并不方便。而数字支付工具可以通过手机等移动设备进行操作，降低了支付门槛，增强了金融包容性。

数字金融通过在线教育和金融知识普及等方式提升了金融素养。传统的金融知识普及通常依赖实体渠道和面对面的培训，无法覆盖到更广泛的人群。而数字金融通过互联网平台和移动应用程序等工具，可以将金融知识以图文、视频等形式传播给更多人，并提供在线学习和测试等功能，提高了人们的金融素养水平。

综上所述，数字经济时代下的数字金融为拓展金融服务边界、提高金融服务效率和便利性、促进金融创新和创业，以及增强金融包容性和发展普惠金融带来了众多机遇。随着技术的不断进步和应用场景的不断扩大，数字金融将持续发展，并为经济社会发展作出更大贡献。

二、数字金融未来发展的展望

数字金融的发展不仅要着眼于现在，更重要的是对未来发展进行预测和规划。因此，本书提出对数字金融未来发展方向的展望。

（一）数字化、智能化和个性化

数字化将会成为数字金融发展不可替代的趋势。随着大数据、区块链、人工智能等技术与金融的融合发展，金融数字化在为客户提供便捷服务的同时，还大大降低了业务成本、促进了金融创新并提升了对客户数据和资金安全的保障能力。未来，数字金融的发展核心仍是智能化，智能化将对数字化进行优化升级，同时促进个性化的形成。在未来更加注重个性化服务和产品的竞争市场中，个性化将是市场竞争的重要因素，为客户提供更加个性化的服务和产品会成为一种趋势，因此，个性化也是数字金融未来发展的重要方向之一。

（二）更注重风险管理和监管

第一，数字金融产品的复杂性和创新性必然会导致更多、更为复杂的风险，因此，加强数字金融风险管理必然成为稳定金融市场和保障投资者利益的基本要求。

第二，数字金融风险传递性强、风险识别与评估难、社会影响大，只要其中一个机构出现问题，就可能引发“连锁反应”，进而将风险大范围传递，对整个金融市场和社会造成严重影响。

第三，未来金融监管制度更加完善，投资者更加注重风险收益比。一方面，监管部门监管力度的加强会迫使机构健全内部风险管理制度，加强业务风险管理。另一方面，投资者对于投资风险管理要求会更高，金融机构必然会通过提升风险管理能力来形成自身的竞争优势。

（三）金融科技创新将成为数字金融的重点

传统金融行业开始逐步适应数字金融的发展节奏，纷纷扩大科技手段的应用领域，为不同的参与主体提供多元化的金融服务，因此，未来数字金融市场竞争会更加激烈，数字金融服务和产品的创新必然成为数字金融机构提升自身市场竞争力的重要途径，而金融科技创新是推动数字金融创新的重要动力，为数字金融服务和产品创新发展提供了重要技术支持，所以，金融机构的转型升级离不开金融科技创新带来的助推作用。

数字金融前景广阔，数字金融机构要抓住数字化和智能化的机遇，加强风险管理和监管，不断进行金融科技创新，以此推进数字金融行业的健康发展。与此同时，在数字金融的未来发展过程中，还需要不断追求新的进步和发展，尤其要强化对金融风险的监测和管控，以推动数字金融行业的高质量发展。

综上所述，在数字经济时代，数字金融将呈现出快速发展、多元化和综合化的趋势，并面临机遇与挑战。只有不断加强技术创新、建立健全的监管体系，并注重用户隐私保护，数字金融才能更好地实现可持续发展。未来，数字金融将为经济社会带来良好的发展机遇，成为推动经济社会进步的重要力量。

第三节　绿色经济与绿色金融发展

绿色金融是一种以改善环境、节约资源、清洁能源、清洁运输、绿色旅游等项目的开发和风险管理为目的，运用现代金融技术和手段，为企业和个人提供资金支持的金融活动。它既包括各种政策措施，如税收优惠、贷款利率优惠等；也包括各种金融工具，如担保、证券和保险等。

一、绿色金融对经济效益的影响

绿色金融是指在实现社会经济发展的同时，通过投资和融资等金融手段，促进环保、节能、减排等绿色产业的发展和应用，从而实现经济效益和环境效益的双赢。其主要经济效益如下。

市场机会。绿色金融推动了可持续发展，为投资者提供了一个新的市场，同时也为绿色企业提供了新的融资渠道和市场。

资源利用效率提高。绿色金融可以提高资源利用效率，降低生产成本，提高企业的盈利能力。

降低环境风险。绿色金融可以帮助企业降低环境风险，避免生态破坏和环境污染所带来的巨大经济损失。

创造就业机会。绿色金融所涉及的绿色产业通常具有技术含量较高、附加值高和就业率高等特点，可以为当地创造更多的就业机会。

增强企业社会责任感。绿色金融可以促使企业更加注重环境保护和可持续发展，提高企业的社会责任感和公众认可度。

总之，绿色金融的经济效益可以体现在多个方面，对于推动经济可持续发展和建设生态文明具有非常重要的意义。

（一）绿色金融为企业提供绿色融资

任何一个行业的发展，都离不开资本的扶持，绿色经济的发展亦非特例。绿色经济可以在某种程度上控制发展中的资金流动，因此，绿色金融可以将资金导向社会所鼓励发展的产业，比如降低对环境的污染程度，提高创新能力，提高资源利用率等；也可以通过投资政策的实施来推动绿色经济的发展。例如，污染程度较高的企业会在环境发展过程中进行转型，通过采取改善经营模式、改变经济结构、加强技术创新等方式，实现企业的可持续发展。在这种转型过程中，原有的资源配置结构将被破坏，资源将被重新配置。这就意味着，那些发展绿色经济的企业将获得更多的生产要素，而那些原本具有高污染和低资源使用效率的制造业企业的资金投入将会被减少。这样一来，就可以提高和推动对绿色能源的利用，从而为实现可持续发展提供了有力支持。

（二）绿色金融推动工业现代化发展

首先，在企业层次上，具有先进技术的公司可以从绿色金融中得到融资，并且可以引进生产因素，以促进产业的技术进步。因为绿色金融具有较高的收益，所以更容易吸引投资者投资。此外，这也可以带动其他企业的发展，进而推动整个行业的发展。其次，从产业的视角来看，以绿色金融为基础，重点扶持已有产业中的先进企业，从而使市场发生变化，吸引更多资金投入产业中，从而促进产业结构的升级与优化。绿色金融的出现，给环境污染带来了极大的改善，它不仅可以帮助企业解决环境污染问题，还能够帮助企业更好地应对环境污染风险，从而实现可持续发展。此外，它还能够为政府提供更多的资金支持，为实现经济和社会的可持续发展作出重要贡献。绿色金融还可以帮助企业在市场上获得更多的竞争优势，从而提高企业的生产效率和盈利能力。

（三）绿色金融促进各国环境治理体系现代化

在我国，建立健全现代环保体系已成为绿色金融发展的主旋律，绿色金融所涵盖的领域非常广泛。从其发展过程中，我们可以清楚地看到，绿色信贷、绿色债券和其他金融产品，乃至金融机构的“绿色化”发展，仅仅是其中的一个方面。这就意味着，包括资本市场在内的全部金融体系中，必须在环保和节约资源方面重新创造出一个绿色的世界，才能使人的可持续发展成为可能。所以，要发展绿色金融，最基本的要素就是“绿色革命体制”，要把生态文明与金融体制结合起来，形成一个“网络世界”，从而达到降低污染、保护环境的目的。当所有的经济活动，比如生产、消费等都融入了绿色金融的体系，这就意味着，市场经济的高效发展可以推动社会建立一个更加现代化、更加严密的环保体系。所以，绿色金融的发展本质上就是一个环境管理制度的问题，这关系国家环境文明管理制度的现代化，而这一切都要看我们是否能够建立起一套科学、合理的环境文明管理制度，从而打赢这场环境污染的战争。

（四）绿色金融提升企业社会责任感

绿色金融是指以环境保护和可持续发展为目标，通过金融工具的运用来促进经济的可持续发展。绿色金融的出现可以延申企业社会责任感的内涵，提高企业对环境保护的关注和投入。以下是绿色金融如何提升企业社会责任感的几个方面。

提高环境风险意识。绿色金融将环境风险纳入金融考虑范围，这也让企业更加重视环境保护和生态文明建设，从而更好地履行社会责任。

强制性要求。政府加强对环境保护的监管，通过税收、创新机构、国家会计准则、信息披露等手段，规范企业行为，提高企业环境保护的主动性和投入度。

降低融资成本。在金融市场中，推动绿色债券、信贷、基金等绿色金融产品的发行，通过优惠政策鼓励、引导企业降低绿色投资的融资成本，从而增强企业的环保意识和社会责任感。

总之，绿色金融的发展和推广可以提高企业社会责任感，使企业对环境保护和生态建设更加重视，从而推动可持续发展。

随着经济与环境的协调发展，我国在取得长足进展的同时，也面临着诸多的困难与挑战。当前经济发展的速度，并不是衡量一国当前主要矛盾的唯一标准，而是要看一国在经济发展过程中，是否能够很好地处理好与社会、环境的关系。现在的人所追求的幸福，不仅仅是一种物质上的满足，更是一种崭新的生活方式。因此，在当前阶段，大力发展绿色经济，营造良好的生态环境，已成为国家经济发展的重要任务。为了实现这一目标，绿色金融是不可或缺的支撑，它能够帮助企业和个人实现可持续发展。因此，应该充分发挥绿色金融这一创新体系的资源配置作用，加大对绿色产业、绿色经济的支持力度，促进社会可持续发展。

二、提升绿色金融服务，促进经济高质量发展的建议

当前我国绿色金融规模持续扩大，绿色金融模式不断创新，金融机构配套工作机制日益完善。但仍存在一些问题亟待解决，笔者提出以下三点建议。

（一）优化绿色信贷资源配置

为避免出现中小型企业因不能获得相应的绿色信贷支持，导致企业难以正常运转，需要相关金融机构完善绿色信贷资源配置和风险评估机制。金融机构在发放绿色信贷时，应当严格做好贷前审核工作和贷后管理工作，根据企业的实际情况提升信贷融资效率，着重关注中小型企业的绿色信贷需求，优化绿色信贷资源配置。

（二）加快建立完善的绿色金融市场体系

因缺乏完善的金融体系及相关的法律法规，金融机构在开展绿色金融服务的实际过程中容易出现偏差。可能因操作人员、审批人员的失误导致相关企业难以获得绿色信贷支持。因此，需要加快完善金融市场体系的建立，更新内部组织，保证工作效率与质量。从金融机构、各类市场主体、绿色市场主体出发建立完善的准则、制度。例如，保证金融机构的操作人员、审核人员对各个环节的衔接、审批流程、具体要求以及最终的审核评价具有清晰认识与研究，避免相关人员在实际操作过程中出现偏差，积极推动相关金融机构绿色金融服务的正常开展。

（三）积极拓展绿色金融创新产品

当前，与绿色金融服务相关的绿色金融产品较少，只有绿色信贷、绿色债券，难以保证绿色金融服务有效促进国内绿色经济的高质量发展。因此，为实现不同绿色经济发展的目标，需要不断创新绿色金融产品，保证其能够发挥资源配置的合理性，支持国内不同领域的绿色经济发展，促进国内产业的健康发展。

随着世界各国对环境保护的重视，绿色金融必将成为未来经济、社会发展的大趋势。根据当前我国经济现状并结合国外先进经验，只有不断优化绿色信贷资源配置、建立统一的标准化体系并加大金融产品创新，使更多的金融机构积极参与到绿色金融中来，才能实现绿色经济高质量发展的目标。

第四节　共享经济与共享金融发展

随着互联网技术、大数据、云计算的发展，共享经济时代应运而生，我国进入共享经济时代是大势所趋。共享经济必定催生共享金融，进而改变现有金融模式，将我国金融业打造成一个新的金融生态圈。

共享金融具有缓解金融脆弱性、解决信息不对称性、降低交易成本等优势，但是作为一种新的金融业态，要打破原有的金融模式，势必会触及一部分社会阶层的利益，如果处理不好可能激发一定的社会矛盾。另外，共享金融在发展中的信用问题也是一个需要关注的焦点。

所谓"共享金融"就是金融资源的供需个体通过云计算、大数据、物联网、移动互联网等现代信息技术平台实现金融资源与服务的直接交易系统。通过大数据等技术手段实现资金融通，使金融资源实现公平、有效率的配置，以此来带动经济的发展，使社会公众都能享受共享金融带来的福利。共享金融是去中介化的过程，其典型形式是互联网众筹。目前国内共享金融只是刚刚起步，但是发展迅速。共享金融在本质上是整合线下金融资源，优化匹配金融资源供求双方，实现其直接交易。共享金融作为这种资金供需双方直接交易的模式，在缓解金融体系脆弱性、降低交易成本、实现普惠金融等方面都体现出优势。

一、共享金融助力经济发展的优势

从微观层面来说，共享金融助力经济发展体现在以下几个方面。

第一，为中小企业贷款提供了新思路。中小企业融资难的问题始终是大家关注的焦点。由于高昂的固定经营成本，银行等金融机构更偏好于大客户，因为虽然大企业和中小企业贷款数额不同，但是银行从信贷审核和发放贷款等方面所花费的成本是相同的，因此银行宁愿选择贷款给大企业，从而获得更高的贷款收益也不愿意贷给中小企业。共享金融通过现代信息技术，使资金供需双方可以直接交易，解决了中小企业融资难的问题，并且极大地拓宽了人们的投资渠道，从而使每个人在有资金需要时都能以平等合理的价格得到便利、高效的金融服务，这也践行了普惠金融的理念。

第二，共享金融下的产融结合促进企业发展。产融结合是现代企业发展一个很鲜明的特征，它所产生的协同效应来源于各个方面：一是战略协同，即形成多元投资新的利润点，满足集团战略转型的需要；业务互补，避免单一行业所具有的周期性波动，获得集团整体优势。二是财务协同，包括拓宽融资渠道、降低融资成本。三是管理协同，包括专业技能，甚至人员的内部共享；资本运作、投行团队的内部构建；信息情报平台，行业分析，企业调查共享等。共享金融下的产融结合的动力在于解决金融交易中的信息不对称、降低交易成本，并且实现产业与金融的多元化经营，加强金融与实体的内在联系等。

第三，降低融资成本。共享金融是降低融资成本的有力手段，它可以通过以下两个途径降低融资成本：一是可以消除中介成本，即加速金融脱媒的进程。伴随着信息技术的快速发展，共享平台不需要大量的固定经营网点，信息的收集、整理和分析也主要依靠云计算、大数据等技术手段，只需配备少量的专业人员即可。因此与传统的中介成本相比，共享金融的交易费用和平台成本可以忽略不计。二是资金供需双方可以直接进行匹配交易，这样极大地提高了融资双方的匹配效率，有效降低了金融活动的搜寻成本，从而使融资成本直接下降。

第四，缓解金融体系脆弱性。共享金融是缓解现代金融体系脆弱性的有效方法。银行等金融机构在资金运作上“借短放长”，此营利模式决定了金融体系脆弱性的特点，因为当经济发展形势趋于萧条，或者发生意外使得资金链断裂时，银行等金融机构就会产生流动性风险，严重时可以导致全国甚至全球的金融危机。另外，由于委托代理关系的存在，有时会产生严重的逆向选择和道德风险问题，从而加大了投融资风险。共享金融是基于互联网平台使资金供求双方直接交易的形式，不存在期限错配和委托代理关系，从而避免了流动性危机和因委托代理关系而产生的资产泡沫。

二、共享金融稳健发展的优化路径

（一）设立众筹监管机制，强化资金监管与透明度

众筹作为共享金融的重要模式，其资金监管与透明度对于共享金融的发展至关重要。具体策略如下。

政府监管与监督。建立众筹监管机构，对资金使用者进行定期监督，要求其提交详细的财务报告和进度汇报，确保资金使用的合规性和透明度。

众筹合伙人选择与监督。众筹项目应选择合适的合伙人，确保团队成员方向一致、能力互补、价值观统一。同时，合伙人之间应相互监督，制定严格的规章制度，防止资金被挪用。

风险管理与投资协议。众筹投资者应在投资前充分评估风险，并签署明确的投资协议，明确双方的权利与义务，以降低投资风险。

信息对称与风险应对。为解决众筹两端的信息不对称问题，应建立有效的风险应对机制，如引入保险机构或第三方监督机构，以控制潜在风险。

（二）金融服务平台整合

通过政策引导与商业化运作，整合银行业金融机构、保险公司、融资租赁公司、风险投资公司和中小企业等各方资源，构建一个提供多元化金融服务的创新平台。该平台应针对中小企业需求进行细分，创新融资产品，以满足其资金周转需求。

（三）推动银行创新，助力共享金融发展

为缓解共享金融对商业银行的冲击，应促进商业银行的转型与创新。具体策略包括：积极涉足电商领域，学习互联网企业的运营经验；将传统融资业务数字化，拓展线上服务；与第三方支付等新兴金融机构进行直接或间接的合作，共同推动共享金融模式的发展。

总之，共享金融的发展并不是消除商业银行，最理想的状态是使商业银行成为推动共享金融重要的一部分，因为银行是国家的命脉，商业银行的发展必将是共享金融发展进程中重要的一环。

第三篇　运输经济运行与管理

第七章　交通运输与物流的经济特性

第一节　各种运输方式技术经济特征分析

各种运输方式虽然大都能提供客、货位移服务，但由于它们的技术性能（如运送速度、运输能力、通用性、连续性、机动性）、对地理环境的适应程度以及经济指标（如运输成本、运输能耗、资金占用量）等不同，因此各有一定的适用范围。

一、铁路运输

铁路运输是由铁路、车站、枢纽设备、机车车辆诸要素协调配合，共同实现客、货位移的现代化运输方式。铁路运输主要有如下技术经济特征。

（一）牵引重量大

机车的牵引力是动力和线路状况的函数。在4‰的坡道上，蒸汽机车、内燃机车、电力机车的牵引力分别为4100吨、5700吨，电力机车最大牵引力可达9300吨。国外内燃机车和电力机车最大牵引力可达7000～8000吨。

（二）输送能力强

铁路输送能力取决于机车、线路和管理状况。在6‰的坡道上，蒸汽机车、内燃机车和电力机车的年输送能力分别为1280万吨、1520万吨和2000万吨；在复线自动闭塞的线路上，年输送能力可达7000万～8000万吨。

（三）长途运输成本低

运输成本与运距、运量以及运输密度成反比。铁路运输的重载和高密度，使它得以保持较低的运营支出。一般来说，铁路运输的成本比河运和海运要高一些，但比公路和航空运输要低得多。

（四）运输连续性强

凭借独特的钢质固定轨道，铁路能克服自然条件的种种限制，保证一年四季、昼夜不停地连续运输。

（五）运输速度较快

列车的技术速度较快，但是在货物列车运行过程中，需要进行列车的编组、解体等技术作业，因而运营速度比技术速度要慢很多，使货物的送达速度变慢。缩短列车的技术作业时间，提高始发直达列车的比重，可以提高货物的送达速度。

（六）基本建设投资大

铁路运输由于固定设施的工程费、建筑材料、劳动力消耗大，因此线路投资高。

（七）能耗少，环境污染程度低

铁路运输是沿着轨道行进的，车辆借助于轮轨接触面间产生的蠕滑力行进，因此，铁路运输轮轨之间的摩擦阻力要小于汽车和飞机受到的摩擦阻力。铁路机车单位功率所能牵引的重量约比汽车重 10 倍，也比飞机重得多，因此铁路运输单位运量的能耗也比公路运输和航空运输小得多。高速旅客列车的能耗按人·公里计不到汽车和飞机的 1/50。由于能耗小，在各种运输中铁路是仅次于水运的对环境影响较小的工具之一。随着科技水平的提高，铁路运输在能耗和环保上的优势更加明显。例如，随着重载技术的发展，列车单位运量的能耗将进一步降低；磁悬浮列车的开通和铁路电气化程度的提高，使能耗和对环境的污染减少到最低程度。

二、公路运输

公路运输是发展最快、应用最广、地位日趋重要的一种运输方式。公路运输主要有如下技术经济特征。

（一）直达性好

公路运输的直达性可转换为三个效益：距离效益，主要指公路运输可以抄近路，使运距少于铁路和水运；时间效益，指公路运输的送达速度比铁路、水运快而带来经济效益；质量效益，主要表现为公路运输只要一装一卸，货物损伤少，而铁路运输通常需要多装多卸，货物损伤要大得多。

（二）机动灵活

公路运输以一人一车为基本特点，体形小，操作方便，又无须铁路那样的专门轨道，对各种自然条件有较强的适应性，机动灵活，农村运输、城市内部运输、城乡联系、铁路和水运港、站旅客和货物的集散，日用百货和鲜货的定期运输，主要使用公路运输。

（三）载运量少

公路运输运载量小，单车运量只有 20 吨左右，这导致其劳动生产率低，成本高。

（四）环境污染严重

公路运输所造成的环境污染比较严重，包括噪声污染、营运车辆的尾气污染等。欧盟的一项研究统计结果表明，90%的大气污染是由公路运输汽车尾气污染引起的。

三、水路运输

水路运输包括内河运输和海洋运输两种形式，由船舶、航道、港口、泊位诸要素构成，凭借水的浮力与机械动力实现客、货位移。水路运输主要有如下技术经济特征：

（一）线路投资少

水路运输是一种线路投资较少的运输方式，江河、湖、海为水路运输提供了天然、廉价的航道，只要稍加治理，建立一些轮船泊位和装卸设备，便可供船只通航。据估计，内河航道单位基建成本只有公路的1/10，铁路的1/100，整治航道每公里投资大约只及公路的1/10 ~ 1/5，而且内河航道的建设还可与兴修水利和修建水电站相结合，取得综合经济效益。

（二）运载量大

水路运输比其他陆上运输有较大的载运量。内河驳船的运载量一般相当于普通列车的3～5倍。最大的矿石船可达28万吨，超巨型船舶可达50万吨。

（三）运输成本低

由于线路投资少和运载量大，内河成本分别为铁路运输和公路汽车运输的1/5和1/35，海运成本分别为铁路和公路运输的1/8和1/53。

（四）运输速度较低

水路运输的送达速度和技术速度慢（只有汽车的1/2，火车的1/3），在港停泊的时间长（几天到十几天），有些货物要几个月甚至半年才能送到客户手中。

（五）灵活性差

水路运输受自然环境限制大，因此运输灵活性较差。水路运输网的分布是自然结果，往往与运输的经济要求不一致，而且很少能直线行驶；灵活性差，往往因航道河流枯水、冰冻、大风和浓雾而被迫中止运输。

四、航空运输

航空运输是由飞机、机场、导航设备诸要素协调配合，共同实现客、货位移的最快速的一种运输方式。航空运输主要有如下技术经济特征。

（一）速度快

具有先进性能的民航飞机，如波音737、空客350等，飞行速度都在900km/h以上，这是其他运输方式望尘莫及的。

（二）径路短，不受地面条件影响

航空运输是在三维空间进行的，它几乎不受任何地面障碍物的影响，能实现两点间的直线运输，并可以到达其他运输方式不能到达的地方。

（三）基础设施投资规模相对有限

航空运输系统的地面设施主要包括机场、导航台站等，其建设规模与土地占用远小于同等运能条件下的铁路或公路网络所需投入。空中航路的开辟与维护不涉及大规模土地征用或物理线路铺设，因而在基础设施构建阶段具有明显的成本控制优势。

（四）航班班次密度较高

航空运输通常具备较高的发班频率，尤其在主要城市和繁忙航线上，可提供每日多班的运输服务。高频率运营不仅有利于提高运输设备的利用率，也能满足旅客和货主对出发时间的选择需求，增强运输系统的机动性与响应能力。

（五）单位运输成本较高

尽管航空运输在基建投入方面具有一定优势，但其运营成本显著高于其他运输方式。飞机购置、航材储备、航油消耗、飞行员培训及维护检修等环节均需巨额资金支持。这些因素导致航空客货运价普遍较高，因此更适用于高附加值货物或时间敏感型旅客运输。

（六）易受气候影响

航空运输受天气状况限制大。航空运输主要受惠于空气的浮力，所以气象状况是最大限制因素。早期的飞机机型小、速度慢、燃料容积小，只能在低空飞行，暴雨、大风均使飞行受阻。如今，飞机性能得到显著改善，而且人们还用雷达、除冰设备、夜航标以及各种辅助设施同恶劣天气作斗争，受天气限制和支配航行的现象比以前大有改善。尽管如此，在飘尘、暴雨和其他异常天气时，飞行仍受干扰，甚至造成事故。

第二节　载运工具的经济特性

一、载运工具的经济装载量

运输业的产品是旅客与货物的位移，运输服务是以在线路上运行的载运工具

（车、船、飞机、列车等）为单位进行组织的。载运工具的成本和供给特性在不同运输方式之间甚至同一运输方式内部都有差别。那么，面对货运需求者（包含了货物的生产者与消费者）选择的货运批量和运输方式，货运供给者应该如何选择载运工具的类型呢？对购置或租用的载运工具又该如何利用呢？由于这些问题及其影响因素之间存在着相互反馈关系，因此很难简单地作出回答。出于简化问题的考虑，我们分别探讨以上两个问题。

（一）载运工具的经济装载量模型

在载运工具的类型已定（载运工具已购置或租用）的情况下，运输业者选择装运多少的目的是使提供运输服务的利润最大化。根据经济学的基本原理，供给者应当将产量置于边际收益等于边际成本处。对于某一运程来说，产量就是载运工具的装载量乘运输距离。因此，运输供给者应当将装载量定在运输的边际收益等于边际成本时的水平上，我们将此时的装载量定义为"经济装载量"。

假定对于某一运程，运距不可调整，市场运价 P 也固定不变，我们用图7-1来说明装载量选择的问题。图中，横坐标为载运工具的装载量。AFC 曲线代表载运工具这一运程的平均固定成本。固定成本是与装载量无关的费用，例如车辆的时间折旧、固定税费、司乘工资等。随着载运工具装载量的增加，平均每一吨货物或每一位旅客所分摊到的固定成本呈逐渐下降的趋势。AVC 曲线代表载运工具这一运程的平均变动成本，主要包括燃料消耗、物理折旧、维修费用以及其他一些变动开支。它是一条先下降然后逐渐上升的曲线。AVC 曲线后期逐渐上升的一个原因是，随着装载量的增加，车船的使用强度渐渐超过其原有的设计标准，载运工具的平均燃料消耗和平均维修费用会大大提高。AFC 曲线与 AVC 曲线的叠加是载运工具这一运程的平均成本曲线 ATC 。而市场运价 P 与边际成本曲线MC的交点对应的装载量 L即为载运工具这一运程的经济装载量。要注意市场运价 P 有可能高于，也有可能低于平均成本 ATC 。

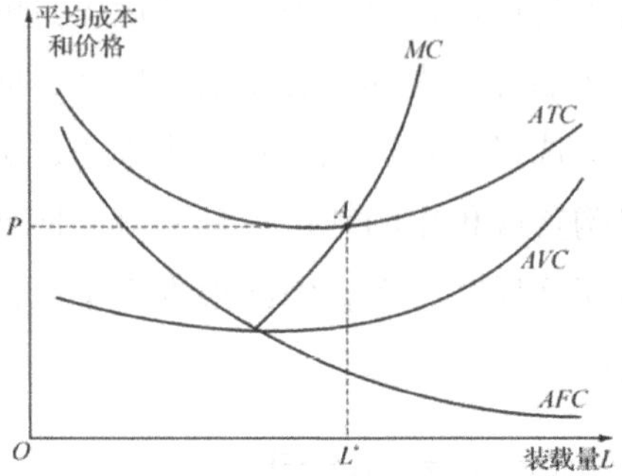

图7-1 载运工具经济装载量示意图

从经济的观点来看，如果装载量达不到经济装载量，载运工具的运输能力出现闲置，这当然是不经济的；而如果载运工具的装载量超过了经济装载量，又会导致对载运工具的过度使用，在经济上也是无效率的行为。据此，运输供给者应当选择经济装载量为某一运程的最佳装载量，以获得这次运输服务的最大利润。

（二）载运工具经济装载量的影响因素

1. 载运工具类型的影响

不同类型的载运工具，其成本曲线的形式不同，经济装载量也千差万别。即使对于同一类型的载运工具来说，由于货运需求的多样性与复杂性，加之每一台车辆、每一架飞机或每一艘船的具体状况（如车龄或改装情况）与使用环境也不尽相同，其某一运程的经济装载量也存在差别。以公路货运车辆为例，如图7-2所示，我国某一地区干线公路上行驶的2轴卡车数量很多，但它们装运的货物重量却并不相同。但从统计学的角度看，某一车型车辆的装载量往往呈现出一定的分布特征。图中，装载量为13吨的卡车出行的频率最高，这表明大部分的车主会选择使用2轴卡车去装运13吨左右的货物。

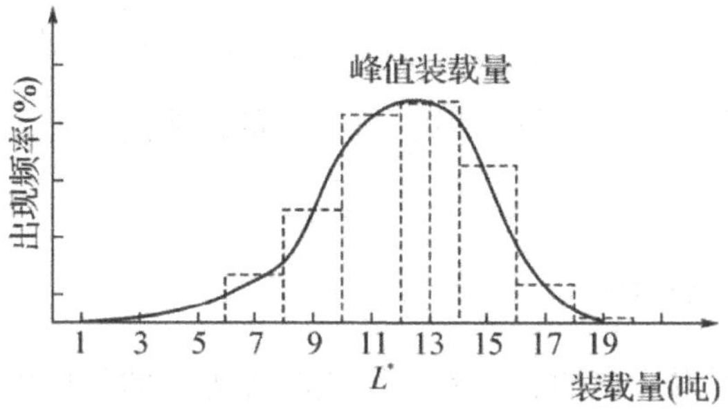

图7-2 2轴卡车装载量分布示意图

2. 货运需求的地区不平衡性的影响

以上考虑的是单程运输时的情况，众所周知，载运工具的运输存在返程问题。

货运需求的地区不平衡性，会引起载运工具在满载方向与返程方向经济装载量的区别。仍然以2轴卡车为例，如果返程时运输需求较小，无法达到去时的经济装载量，那么车主也可能同意提供运输服务，因为返程是无法避免的。如图7-3所示，存在两个装载量峰值：一个为重载方向的装载量峰值，另一个为返程方向的装载量峰值。

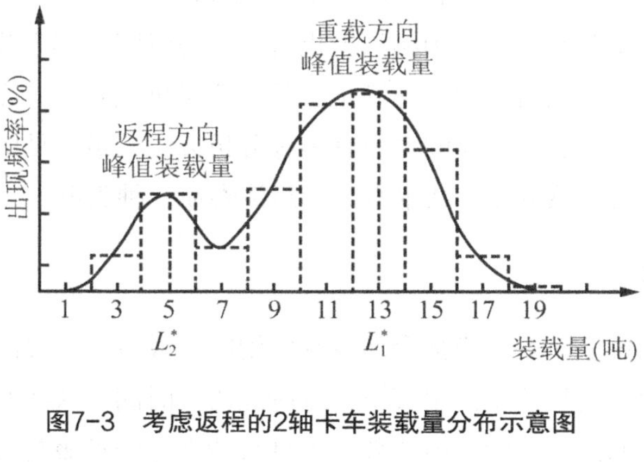

图7-3 考虑返程的2轴卡车装载量分布示意图

3. 固定税费的影响

如果固定税费水平提高，等效于增加了车辆的固定运输成本，此时图7-1中的平均固定成本曲线*AFC*将变得更为陡峭，从而导致平均成本曲线*ATC*的最低点向右移，即车辆的经济装载量增加了。这也是我国超载运输治理中，有时会出现“越治越超”（处罚越多，超载越多）的原因。因为如果对超载车的处罚与其装载量无关，对于车主来说处罚仅相当于固定税费，他们有动力通过装运更多的货物来分摊掉这些处罚的成本。

4. 生产要素价格的影响

如果某一生产要素（燃油、轮胎、车辆配件等）的价格出现变动，情况就比较复杂了。简单地讲，如果生产要素的消耗相对于装载量缺乏弹性，例如司机工资通常不会随着装载量的变动出现较大浮动，那么这类生产要素价格更接近固定成本，其价格水平的上升会导致车辆的经济装载量有所增加。而如果生产要素的消耗相对于装载量富有弹性，那么这类生产要素价格水平的上升会导致车辆的经济装载量有所降低。但从总体上看，生产要素价格的变动对车辆的经济装载量影响不大。

二、载运工具的经济寿命

（一）载运工具的经济寿命模型

同人类一样，载运工具也有自己的生存期限，不过长短差别很大。我们把载运工具从投入市场开始到被市场淘汰为止所经历的时间，称为载运工具的寿命周期。那么，对于运输供给者的某一辆车、某一架飞机或者某一艘船来说，其寿命周期有多长呢？关于载运工具的寿命有多种分析方法，最常见的“三分法”将载运工具的寿命分为自然寿命、技术寿命和经济寿命三种类型。

1. 自然寿命

载运工具的价值一般来说都会随着其使用时间或行驶距离的增加而减少，自然寿命是指载运工具从开始使用直至报废所经历的时间。这些有形损耗是由于使用和自然力的影响而引起的，因此载运工具自然寿命的长短与载运工具的质量、使用条件、使用强度和使用维修技术密切相关。

2. 技术寿命

载运工具生产制造工艺技术的发展，使原有载运工具的无形损耗加剧，有些载运工具甚至在它们的物理报废状态到来之前就已经在技术上应该被淘汰了。从载运工具开始使用到因技术性能落后而被淘汰所经历的时间，称为载运工具的技术寿命。

3. 经济寿命

根据经济效益确定的载运工具寿命，称为经济寿命。虽然依靠维修可以延长载运工具的自然寿命，但随着役龄的增加，技术状况不断恶化，维修费、燃油费等运营费用不断增加，载运工具使用的经济效益将逐渐恶化，以至于从经济上考虑需要淘汰。

由于比较简单、易于理解，经济寿命模型得到了广泛的运用。但由于使用需要精确地估算相应成本项随载运工具役龄的变动情况，极大地限制了模型的使用范围；同时，一些外部因素的变动（如技术进步、生产要素价格的调整等）也增加了经济寿命估算的复杂性。

（二）载运工具经济寿命的影响因素

1. 拥有载运工具的机会成本

有一些费用与拥有载运工具的投资有关，这种成本的变化主要由资本市场决定。例如，一家航空公司为扩充其机队使用了100亿元的银行贷款，在10%的年利率下，它每年需为此支付10亿元的利息；如果它改为租赁飞机，就需要支付租赁费。即使该航空公司是使用自有资金购买这些飞机，它也仍旧需要考虑投资成本，因为它失去了这些资金在银行获得利息的机会（资金的机会成本）。此外，几乎所有运输方式的需求都存在周期性的变化，这也反映在对相应运输工具的需求量上。例如，在每年夏季的用电高峰期，对铁路运煤车的需求就特别大；又如当石油需求增加的时候，对邮轮的需求量就会激增。因此，资本市场的变化和运输需求的变动都会影响拥有载运工具的机会成本。载运工具每一运程的机会成本应该由当时对这种运输工具的市场供求状况决定，人们可以从载运工具拥有者在出租其资产的收费或载运工具二手转让市场的价格水平中了解到这种机会成本。当然，考虑到政府可能对拥有载运工具征收一定的税费，例如我国的车辆购置税等，政府的税费政策也会对拥有载运工具的机会成本产生直接影响。

现在我们来分析一些具体的因素对载运工具经济寿命的影响。

（1）载运工具的售价。如果载运工具的售价（由于制造成本的上涨而）增加，即载运工具的初始拥有成本增加，在其他条件不变的情况下，载运工具的经济寿命将有所提高。

（2）技术进步。技术进步对载运工具经济寿命的影响较为复杂。如果载运工具的价值耗损快于其物理磨损，那么这种与使用程度无关的资产价值的下降（又称“折旧”）就属于固定成本。

2. 载运工具使用的机会成本

载运工具使用/运营成本中最主要的内容包括载运工具的燃料消耗、维修费用、物理折旧、运营税费和司乘人员的工资。如果从机会成本的角度来考查，那么所消耗燃料的价值应该是这些燃料从驱动载运工具转而用于其他用途所能获得的收益，人员费用则应该是这些行车司乘人员转而从事其他非运输工作（如制造业）所能得到的收入。

（1）固定税费。载运工具运营的固定税费不会随着车船使用天数的变动而改变，因此对载运工具的经济寿命没有直接影响。但是，这些固定税费的变动会导致载运工具装载量的变动，因而会间接地影响载运工具的经济寿命。

（2）生产要素价格。燃料、司乘人员工资等生产要素价格的增加，相当于提高了车辆平均变动成本。

（3）市场的经济状况。如果市场的经济状况趋于乐观，即市场变得日益景气，一方面会提高载运工具拥有的机会成本，从而增加载运工具的经济寿命；另一方面，市场的日益景气又相当于提高了生产要素的机会成本，从而缩短了载运工具的经济寿命。因此，市场的经济状况对载运工具经济寿命的影响不能一概而论。

第三节　运输基础设施的经济特性

一、运输基础设施的成本特性

（一）机会成本难以把握

运输基础设施是指那些不能移动的运输设施，如铁路、车站、港口、河道与机场等。支出并不一定就等于经济成本（或机会成本），运输基础设施的经济成本应该是被用于该设施的资源在被其他次优方式使用时的价值。最理想的情况是政府在建设或提供运输基础设施服务时为所使用的土地支付了相应的市场价格，并按自由市场上的价格购买原材料和施工设备，并支付使用劳动力的工资，那么费用支出就与机会成本十分相近。

如果是政府对运输基础设施所占用的公有土地不付费，就会造成运输基础设施成本的低估。例如，机场建设的债务合同一般都会在25～30年之内付清，这之后机场就不需要继续为其土地和建筑物付费，这样，机场所使用的土地价值往往就不能正确地计算到机场的经济成本中。如果考虑到通货膨胀等因素，土地和建筑物的成本实际上是在上升的，因此老机场显然会比新机场享有更低的成本优势。目前，尚没有对机场经济成本实际低估程度的研究成果，但由于机场一般占用的都是区位很好的地点，这些土地如果转做工业或商业用地均能取得优厚的收益，因此机场土地的机会成本应该是远远高于其在会计账户上的价值。

而从另一方面看，不能移动的运输基础设施只是与特定地理位置的运输市场相关，在运输基础设施领域的投资一般只能增加特定地理位置或区域的运输能力，而并不能同时增加整个运输系统的运输能力，因而，在运输基础设施方面的投资大部分是沉淀性的，其机会成本又往往被高估。目前还没有特别明显的证据能够帮助我们轻易地判明究竟是低估还是高估了某运输基础设施的机会成本。

（二）固定资产投资巨大

空中交通管制系统和用于飞机起降以及登机、转运服务的机场设施加在一起，就使得航空业在对固定设施的依赖方面比原先人们所预料的要大。但由于这些固定设施大多是由政府提供的，所以航空公司的固定设施成本比重与公路运输相似，并不算高。

普通的双线电气化铁路造价（包括线路、电气化及配套设施），每公里造价通常在数千万元级别，若途经地形复杂或工程环境艰难（如山区、软土地区或高烈度地震区等），造价可能大幅上升，甚至达到每公里上亿元。

水路运输涉及两种固定设施，即改善的航道与港口设施。海运业一般只使用港口设施，而内河水运则同时与航道改善的关系十分密切。然而，由于政府在这方面的开支带有补贴性质，航运公司并不需要支付全部的固定设施成本，因此实际情况是轮船公司的固定设施成本比航空公司还要低些。相比之下，深吃水船舶对港口设施的要求更多些，有资料表明，港口费用约占远洋海运总成本的15%，约占沿海船舶运输总成本的12%。总体来看，水路运输的固定设施成本比重低于铁路运输，但高于公路运输和航空运输。

航空业由于其比较低的固定设施成本和机场公营，似乎是一个比较容易进入的行业，但实际上进入难度比预想的要大，其中的重要原因就是在机场设施租用方面。航空公司与机场之间的关系不是零星和即时的市场交易，航空公司要与机场签订长期契约，以便近似固定地租用机场的登机手续办理柜台、登机门和候机场地。已有的航空公司无疑希望占有机场中最好的位置，并且希望在机场的扩建计划中为其航班取得更有利的竞争优势。而在一些能力比较紧张的机场，高峰期会出现跑道和登机门拥挤的状况。已有的航空公司在某种程度上也可能不希望提高机场能力，以避免出现新增加的竞争者。现有航空公司在占据有利位置和影响机场的决策等方面，都增加了新航空公司的进入难度。

（三）成本难以归依

1. 运输基础设施成本的归依

运输基础设施成本分析的另外一个难点是运输费用的难以归依性。无论是运输的边际成本分析还是增量成本分析都会产生一个问题，就是有些运输费用的发生无法归依到某一位具体旅客或某一批具体货物的运输上。下面我们以公路成本为例，看看哪些成本可以归依，哪些成本是难以归依的。

2. 与载运工具有关的公路成本

公路基础设施成本中的三项主要内容，即资本支出、维护支出和安全费用，都与交通量的变化及交通组成有一定关系。如果一条公路的交通量不大，而且主要是供小汽车使用，那么该公路的设计与建设同交通量大而且有重型载货卡车通行的公路相比差别就很大。美国国家公路与运输协会（AASHTO）曾经对公路路面铺设厚度、公路的预期使用寿命与汽车轴重等因素之间的关系进行分析测定，有充分证据认定不同车种如小汽车、公共汽车、载重卡车和其他车辆的轴重对公路造成的影响有很大差别，结论是在一定的公路使用寿命要求下，车辆轴重越大，路面的铺设厚度应该越大。该协会的研究确定，车辆轴重与路面损坏之间的关系是指数关系，因此通行重型载重卡车的公路比主要通行小汽车的公路需要铺设更厚的路面。路面的宽度则是随通行车辆的混合程度变化，为适应宽型车辆如载货卡车和公共汽车，公路路面就需要比较宽。公路桥梁需要一个最低的结构强度以支撑其自身重量，除此之外，桥梁还需要增加结构强度用以支撑通过其上的车辆。允许重型载货卡车和公共汽车通行的桥梁的设计强度，无疑要大于仅允许小汽车通行的桥梁，而前者的建筑费用显然也要高于后者。研究结论是，公路桥梁建筑成本的40%是由于适应载货卡车通行而产生的。另外，公路的等级还与路上车辆的刹车特别是爬坡所需要的性能有关。为了保证车辆能够平稳行驶，公路的坡度不能过大，而坡度的设计在很大程度上取决于车辆的马力与其自重及载重的关系，因此载货卡车在这方面对公路的设计与建筑提出了更高的要求。由于公路的建筑成本是沉淀性的，一旦公路的设计和建筑考虑了重型车辆的使用标准，那么尽管后来的实际混合交通量中可能并没有那样大比例的重型车辆，它也无法再对已经发生的设计和建筑成本产生节约作用。

3. 与载运工具无直接关系的公路成本

虽然公路上的交通量和车辆结构对公路的影响可能是最为关键的，但有些路面的损坏与交通量没有直接关系，例如气候原因会发生作用。路面铺设的厚度与质量显然也有很大关系，路面质量越高、路面越厚，车辆行驶所造成的影响越小，当然，公路建设费用也会由此提高。此外，公路的维护和修整工作也很关键，公路维修如果被不合理地推迟，路面的损坏速度就会增加，而且一些成本就会转移到公路的使用者身上，因为路况较差的公路会造成车辆行驶速度降低、油耗增加以及额外的车辆修理费用，因此，某些车辆（如超限车辆）对其他车辆可能造成的不良影响程度，在某种程度上也取决于公路部门对路面的维护水平和修复速度。

4. 与载运工具无关的公路成本

有些公路费用与交通量的大小或交通结构几乎无关，例如路面厚度有其最低限度标准，有些公路维修工作是即使没有车辆通行也要进行的，桥梁有其自身的承重强度要求，公路上的信息指示标志也不随车辆的载重而变化，等等。这些费用大约占到全部公路费用开支的一半，从运输量的角度看它们是难以归依的，或者简单地说，只要保留这条公路，即使不允许任何车辆通过，这些费用开支也无法节省下来。一般而言，在公路的费用开支与不同车辆的分类之间具有非线性和难以归依的关系，而所有可以归依到具体运输量上面的费用开支之和，肯定要小于公路部门的总成本，而且是非线性的成本关系引起了这种不可归依的费用开支。运输领域中最有趣而且最重要的经济问题中，就包括如何在固定设施的运营中处理这些不可归依的成本。

二、运输基础设施的商品特性

（一）公共物品属性

公共物品（public goods）是指公共使用或消费的物品或服务。与之相对的概念是私人物品（private goods）。公共物品与私人物品的区别不在生产的方式上或资金来源上，而是消费方式的不同。确认公共物品的标准有两个，即“非排他性”和“非竞争性”。

1. 非排他性

非排他性是指某人在消费一种公共物品时，不能排除其他人消费这一物品（不论他们是否付费），而且即使你不愿意消费这一产品，也没有办法排斥。例如，你走上一条公路上时，你无法排除其他人也走这条公路，如你不愿意被公路上的路灯光照射，但只要你走上这条有路灯的公路，就必然受到照射。非排他性还有一层含义，是指虽然有些物品在技术上也可以排斥其他人消费，但这样做成本很高，是不经济的，或者是与公众的共同利益相违背的，因而是不被允许的。

2. 非竞争性

非竞争性，是指某人对公共物品的消费并不会影响别人同时消费该产品及其从中获得的效用，每个消费者的消费都不影响其他消费者的消费数量和质量，受益对象之间不存在利益冲突；同时，增加一个公共消费者，公共物品的供给者并不增加成本，即在给定的生产水平下，为另一个消费者提供这一物品所带来的边际成本为零。

（二）多维商品属性

1. 运输基础设施的多维商品属性

我们知道，一种商品或服务拥有众多的属性或质量维度，不同商品包含着不同数目的属性。随着生产中分工的发展和技术进步，商品的质量属性也日益复杂。运输基础设施产品也不例外，以公路基础设施为例，除了较为明显的公路长度、宽度、坡度等属性外，路面强度、路面抗滑性等也日益成为重要的公路属性。因此，公路是一组包含多个质量维度的商品。

在新古典经济学的完全信息世界里，商品的所有方面都可以被无成本地度量和索价，因此标准的经济理论往往忽视了质量的多维性问题。通常把商品当作只具有一种属性的同质实体的做法，容易得出这样的结论：商品要么被拥有，要么不被拥有，不存在任何所有权的中间状态，这种把经济权利等同于法律权利的观点似乎是有根据的。但是，权利从财产获益能力的意义上来说，很大程度上是一个经济价值，而不是法律概念的问题。人们可以界定产权，可以按照对自己最有利的原则决定把产权界定到什么程度，在此意义上，可以说产权总能得到最好的界定。然而，放宽基本微观模型完全信息假设的后果之一就是我们开始注意到大部分商品的质量多维性（对于公路产品来说，除了直观的由路面宽度、车道数等表征的车辆通行能力之外，还有其他一些重要的质量维度，如由路面厚度与路基、路面强度等指标表征的道路承载能力，由道路线型、坡度与标志标线的状况表征公路行驶的安全性，等等）。

2. 多维商品属性的产权界定

由于商品属性很复杂，其水平随商品不同而各异，测定每种属性都要付出成本，因此不能全面或完全精确。面对变化多端的情况，获得全面信息的困难有多大，界定产权的困难也就有多大。同时，对产权的界定要消耗资源，完全界定的成本是非常高的，因此产权从来不可能得到充分的界定，而是更多地处于部分界定的中间状态。对于既定商品的不同属性的权利，或者对于一笔交易的不同属性的权利，并不全是同等地加以明确界定的。

这样，由于产权界定的困难，商品的一些属性归某所有者所有，其使用效率可能会很高。但这并不能保证，当该商品的另外一些属性也归其所有时，其使用效率必然也很高，即各种属性均归同一所有者所有不一定最有效率。虽然法律一般并不禁止所有者在其商品的每一属性上收取边际费用，但实际上，如果商品的初始所有者只转让商品的一部分属性而保留其余部分，那么来自交换的净得益往往会增加。因此，有时人们会把某一商品的各种属性的所有权分解开，分配给不同的所有者，采取这种形式的交换导致单一商品的分割的产权：两个或两个以上所有者可以拥有同一商品的不同属性。就某些属性来说，如果所有者认为他们部分权利的行使成本太高（收取边际费用的成本包括度量或测量和监督的成本），而收益低于成本，甚至会选择将它们置入公共领域，这使得商品的一些属性成为公共财产（从产权经济学的视角来看，并非人们没有意识到这些资产的产权，而是由于高昂的交易成本，人们不愿去界定其产权，于是这些财产就被留在了公共领域）。

（三）互补性与替代性

运输基础设施最基本的组成单元是线路和节点，当节点之间存在着不同的线路时，这些线路和节点就构成了一个网络。运输基础设施网络的相互连接和合作是其网络经济性的基础，同时也决定了网络中各节点的竞争地位。

运输网络整体效率的提高有赖于网络中各个主体的合作，线路的“互补性”是指前后相继的线路通过节点连接起来，将大大增加各个节点空间交往的机会。网络可以通过允许供给者享受密度经济和范围经济产生成本的节约。许多航空公司的轴辐式航线网络就是这样的例子。同样，从使用者的角度看，较大的网络通常能提供较多的选择，例如，连接进入一个大的电信系统通常比进入一个小的电信系统更加受益。铁路的网络经济性是指当铁路线路成网及路网密度增加时，由于扩大运输需求范围、调剂各线路负荷从而提高整个路网的利用效率。例如，当两条互不相连的线路端线连成一体时，将大大增加两线路之间的过境运量，提高整个路网的利用效率。

运输基础设施网络的“替代性”是指当两个节点被不同的线路或网络连接时，不同线网可以开展竞争，其间的差异性带来了一定程度的多样性，将增加消费者选择的余地并有利于提高消费者的福利。因此，任何单一网络的管理和调整都必须考虑溢向其他竞争或补充网络的相互作用效应。网络间的相互作用效应意味着对任何一个网络中的连线和节点绩效的干预都可能影响该网络的其他元素。例如，给某一条特别的公共汽车线路进行补贴不仅可以对与其竞争的铁路服务产生影响而且还有可能通过改变旅行行为冲击其他的公共汽车服务。

第四节　交通运输经济与物流

一、交通运输在物流中的作用与地位

交通运输是连接生产、流通、分配、消费、商贸等各个环节，沟通国家间、地区间、城乡间的纽带和桥梁，它在物流过程中具有举足轻重的作用。

（一）运输是构成物流有机系统的核心组成部分

物流活动实质上是一种物资资源配置活动，物流技术实质上是一种物资资源配置技术。物流由运输、仓储、包装、搬运、流通加工、物流信息六大功能要素构成，通过对这些要素的有机整合来实现对物资资源在时间和空间的有效合理配置。运输和仓储是其中的核心环节，在其他环节的紧密配合下，共同完成物资在时间和空间上的移动。其中，运输是物流的核心，它贯穿物流产生和结束的全过程，物流通过运输实现商品的价值和使用价值。仓储和运输是构成一个物流系统的两个中心环节，缺一不可。作为物流的中心环节之一，可以说运输是物流中最重要的功能。运输的作用主要有以下几点。

一是物资部门通过运输解决物资在生产地点和需要地点之间的空间距离问题，从而创造商品的空间价值，以满足社会的需求。无论产品以什么形式存在，也不管是在制造过程中被转移到下一阶段，还是更接近最终客户，运输都是必不可少的。运输的主要功能就是产品在价值链中的来回运动，运输的主要目的就是用最小的时间、环境、财务资源成本，将产品从原地转移到目的地，此外，产品的灭失损坏费用也应该是最小的，产品转移所采用的方式必须能够满足客户有关交付履行和装运信息的可得性等方面的要求。

二是运输扩大了经济的作用范围和在一定的经济范围内促进物价的平均化。随着现代化大生产的发展，社会分工越来越细，产品种类越来越多，无论是原材料的需求，还是产品的输出量，都大幅度地上升，区域之间的物资交换更加频繁，运输手段的发达也是这些产业发展的支柱。

三是运输成本在物流成本中所占的比例最大，日本经济产业省对六大货物物流成本的研究结果表明，运输成本占40%左右，因此，深入地对运输问题进行研究，促进运输的合理化发展具有重要的意义。合理化的途径有以下几个方面：①运输网络的合理配置，应该区别储存型仓库和流通型仓库，合理配置各物流基地，基地的设置应有利于货物直达比率的提高。②选择最佳的运输方式。首先要决定使用水运、铁路、汽车或航空，如用汽车还要考虑车型，用自有车还是委托运输公司。③提高运送效率。努力提高车辆的运行率、装载率、减少空车行驶，缩短等待时间和装卸时间，提高有效的工作时间，降低燃料的消耗。④推进共同运输。提倡部门、集团、行业间的合作和批发、零售和物流中心之间的配合，提高运输工作效率，降低运输成本。

当然，运输的合理化必须考虑包装、装卸等有关环节的配合及其制约因素，还必须依赖有效的信息系统，才能实现其改善的目标。运输合理化要考虑输送系统的基本特征。城市、地区之间由于货物的批量大，对时间要求不苛刻，因此，合理化的着眼点要考虑降低运输成本；对于地区内和城市内的短距离运输（末端运输），以向顾客配送为主要内容，批量小时应及时、准确地将货物运到，这种情况下合理化目标应该是以提高物流的服务质量为主。

（二）运输合理化和现代化是物流合理化、现代化的主要内容

交通运输合理化是实现物流合理化的重要因素。交通运输合理化的主要内容有：建立综合运输体系，处理好铁路、公路、水运、航空、管道五种运输方式的合理分工，协调发展；采用先进运输设备，不断提高运输管理现代化的水平；设计安排好工业企业内运输服务于工业生产的各个环节；选择合理的物流运输方案与经验，组织好具体的运输工作。

首先，建立包括五种运输方式的综合运输体系。综合运输体系最能发挥各种运输方式的特点，是提高经济效益的重要方法，对建立合理的运输结构、缓解运输能力的不足、扩大运输能力有着重要的意义。运输合理化在很大程度上就是充分利用综合运输网，发挥各种运输方式的优势，按照各种运输方式的技术经济特点，合理分工连接贯通，合理地选择运输路线，发挥各个运输网点、站、港、机场的作用，提高社会效益和企业效益。

其次，运输工具的选择是实现物流合理化的重要因素。交通运输工具及其基础设施的现代化程度越高，商品在流通中的时间就越短，运输的速度就越快。如铁路采用重载运输，水运采用大吨位的船舶，汽车、大型飞机采用集装箱运输等，对挖掘运输设备的潜力、提高运输能力、加快货物运达，都有着十分重要的作用。

最后，提高运输经营组织水平，实现交通运输管理现代化是实现物流合理化的重要内容，对提高物资运输的质量和效率，保证货物运输的安全，提高运输部门的劳动条件，降低运输成本，提高运输效率有着十分重要的意义。

物流现代化的目的是用先进的手段，将商品按时间、按质量、按标准、按运输方式送达目的地，使流通时间最短、流通费用最小、流通增值最快，以达到社会效益和企业效益最优化。物流现代化的内在要求就是实现交通运输的现代化。为实现交通运输的现代化，应采取以下措施：①建立与完善由铁路、公路、水运、航空、管道五种运输方式组成的综合运输体系，发挥各种运输方式的优势，按照不同运输方式的技术经济特点，协作分工，连接贯通，综合利用，统筹规划，形成合理的运输结构。②加快交通运输体制改革。一是交通运输管理体制改革，建立适应社会主义市场经济需要的新体制。改革的重点是实现政企分开、企业重构、市场经营。二是运输企业改革，抓大放小，实行资产重组和结构优化，形成若干个全国性、地区性的大集团。通过改组、联合、兼并、股份制、承包、租赁等形式，使众多小型运输企业找到适合自身发展的组织模式和管理模式。

（三）运输的发展对物流的发展产生重要的影响

运输作为物流的核心组成部分，它的发展会对物流的发展产生巨大的影响，主要体现在以下几个方面。

第一，交通运输网的发展促使物流网络的建立和完善。物流网络是由若干个节点和联络各点的交通线路组成的运输网。在一个地区的物流网络中，各城市的货运站、港口、机场等都是节点，而铁路、公路、航空是联络这些节点的主干线。大小不同的诸多节点与运输能力不同的各条线路，组成了一个覆盖整个地区的物流网络。

第二，交通运输网络的发展促使综合物流中心建立与发展。交通运输网络的发展，使得集装箱多式联运取得很快的发展，集装箱运输业从一开始就十分重视货物运输过程的整体性，目前国外一些班轮公司大量投资于公路运输、仓储、流通、铁路网甚至航空，集装箱运输业正在走向综合物流时代，有了现代的综合物流中心，货主、托运人或其代理人便可以借助现代通信手段，对物流全过程进行信息跟踪，使货物不仅能够被准时准地的“门到门”甚至是“货架到货架”的运输，而且能够使其在综合物流系统的节点上按照信息指示得到处理。

第三，交通运输网的发展、新的道路建成，对加速物流的流通过程、节约商品的流通费用起着重要的作用。如沪宁高速公路建成后，由沪、宁、杭三地多家国有运输企业共同推动建设的“金三角”道路快速货运网络初步形成。该快运系统以上海、南京、杭州为主要枢纽，依托沪宁、沪杭等高速公路通道，主要开展零担货物快运和部分整车直达快运业务，并逐步拓展集装箱运输及专项物流服务。

第四，在交通运输网中，交通运输枢纽的发展对物流具有重要的影响，交通运输枢纽是交通运输网的重要组成部分，交通运输枢纽是集运输生产、商贸经营、物资流通、信息服务和运输组织于一体的枢纽设施。交通运输枢纽由“四个系统”组成，一是组织管理系统，包括运输市场管理，主枢纽的内外协调，调度指挥，运输代理，组织联运以及站内、港内的作业组织等。二是通信信息系统，包括为货源联络、售票、站场联系、车船调度等信息的收集、加工、处理服务的计算机和通信设施。三是生产服务系统，包括仓库堆场、站房、停车场、码头泊位等设施以及必要的装卸机械设施、运输车辆、船舶等设备。四是辅助服务系统，包括为满足生产、生产辅助服务而必需的各种设施。

交通运输枢纽要充分满足物流的需要，在客运方面，对运输的舒适、安全、中转换乘的便捷提出更严的要求。在货运方面，要求提供运输代理、多式联运以及必要的仓储和信息。现代化的交通运输枢纽设施，也是现代化城市建设不可缺少的组成部分。现代化的运输设施、完善的信息网络和科学的运输组织，对疏通物流的各个环节，实现客货集散运输的畅通，发挥中心城市的集散力，进而带动周边地区的经济发展具有重大的作用。

（四）物流配送是物流运输的一种特殊延伸方式

随着商品消费市场的不断发展，仓储周转速度的逐渐加快，大批量的货物运输改为多批次、小批量，造成物流成本上升、城市交通堵塞和环境污染等各项问题。为此，需要采用一种新型高效的物流活动方式来减少以上问题的发生。实践证明，配送是多年来国际物流业创造的最佳服务形式，现在配送业在我国已是一个成熟的行业。

配送是道路运输服务的一种特殊形式，它是体现物流基本特点的一项重要功能，也是货物运输作业的一种特殊形式，它的服务水平很大程度上体现了物流服务的水准。

所谓配送就是按照客户的订货要求和配送计划，在物流据点（仓库、商店、货运站、物流中心等）进行分拣、加工和配货等作业后，将配好的货物送交收货人的过程。从货物的位移特点而言，配送多表现为短距离、小批量的货物位移，因而，也可以将配送理解为描述运输中某一指定部分的专用术语。配送作业也不等同于送货，它有区别于单纯送货的时代特征。

第一，配送是从物流据点到客户之间的一种特殊送货形式，这种特殊形式表现在配送的主体是专门经营物流的企业；配送是中转环节的送货，与通常的直达运输有所不同。

第二，配送是连接物流其他功能的物流服务形式。在配磅（分拣、加工、配货、送货）中所包含的那一部分运输（送货）作业在整个运送的过程中处于“二次运送”“终端运送”的地位。

第三，配送体现了配货与送货过程的有机结合，极大地方便了用户；体现了较高的物流服务水准，即完全按用户对货物种类、品种、数量、时间等方面的要求而进行的运送作业。

第四，配送是复杂的作业体系，它通常伴随较高的作业成本。配送成本较高，就既要提高物流服务质量，又要采用降低配送成本的措施，因此，提高配送作业设计等组织管理水平就显得十分重要。在配送中心大量采用各种传输设备、分拣设备，可以实现一些环节的专业分工或流水作业方式，降低相关成本费用。

第五，配送在固定设施、移动设备、专用工具组织形式等方面可以形成系统化的运作体系。

最早的配送概念是在原来营销活动的送货概念上发展起来的，如今它已经独立于运输，成为物流的一个环节，发挥了不可替代的作用，通过配送作业可以实现以下目标。

第一，通过集中仓储与配送可以实现企业组织的低库存或零库存的设想，并提高社会物流经济效益。配送服务水准的提高，尤其是采用定时配送或准时配送方式，可以满足企业准时生产的需要。生产企业依靠配送中心的准时配送，就可以减少库存或只保持少量保险库存。这样，有助于实现“库存向零进军”的目标。

第二，通过配送也可因减少库存而释放出大量储备资金，这些资金可以用来开发新业务、改善财务状况。配送总是和集中库存相联系的，集中库存的总量远远低于各企业分散的总量，则可以从整个社会角度提高市场调节物资的能力，增强社会物流效益。采用集中库存还可以使仓储与配送环节建立和运用规模经济优势，使单位存货配送成本下降。

第三，配送提高了物流服务水准，简化了手续、方便了用户，并相应提高了货物供应的保障程度。使用配送服务方式，用户简化了订货手续，节约了有关物流程序；同时，由于配送中心物资品种多、储备量大，在一定时间，可以在企业供需时间差内进行补货，故提高了供货保障程度，也相应减少了各企业单位由于缺货而影响生产正常的风险。

第四，完善了干线运输中的社会物流功能体系。配送活动与干线运输有许多不同特点，配送活动可以将灵活性、适应性、服务水准高等优势充分利用，从而解决运行成本过高的问题。采用配送作业方式，可以在一定范围内，将干线、支线运输与仓储等环节统一起来，使干线输送过程及功能体系得以优化和完善。

二、物流环节的交通运输经济

物流环节主要包括运输、存储、包装、装卸、配送、流通加工、信息处理等活动。而交通运输是物流系统中的一个主要部分，对物流过程起着不可或缺的重要作用。物流环节中的运输主要指的是货物运输，物流运输涉及的范围广，除干线运输外，还包括城市交通（配送）和厂内运输（生产物流）。运输活动与客户服务水平有密切关系，在物流业务活动直接耗费的活劳动和物化劳动所支付的费用中，运输费用是物流成本的最大组成部分，运输成本在一般成品的价格中占10%～20%，乃至更多。因此，研究物流环节的交通运输经济具有重要意义。

（一）物流环节中与运输经济相关的因素

承运人制定运输费率时，必须对距离、装载量、产品密度、空间利用率、搬运的难易、责任以及市场等七个因素进行综合考虑。

1. 距离

距离是影响运输成本的主要因素，因为它直接对劳动力、燃料和维修保养等变动成本发生作用。

2. 装载量

大多数物流活动中存在规模经济，装载量的大小也会影响运输成本。装载量增加时，每单位重量的运输成本会减少。这是因为装载、运送及管理成本等固定成本可以分摊到每一装载量中。这也意味着为利用规模经济，小批量的装载应整合成更大的装载量。

3. 产品密度

产品密度是指产品的质量和体积之比，它把重量和空间方面的因素结合起来考虑。钢铁、罐装食品、建筑材料等物品的密度较大，而电子产品、衣服、玩具等物品的密度较小。通常密度小的产品每单位重量所花费的运输成本比密度大的产品要高。

对单一车辆而言，通常受空间的限制比受重量的限制要大。产品密度越高，可以把固定运输成本分摊到更多的重量上去，使每单位重量的运输成本变低。因此，增加产品密度一般可以降低运输成本。

4. 空间利用率

空间利用率是指产品的具体尺寸及其对运输工具的空间利用程度的影响。由于某些产品具有不规则的尺寸和形状，以及超重或超长等特征，通常不能很好地利用空间。例如，将谷类、矿石及石油产品装入容器，能很好地利用空间；而汽车、机械设备等的空间利用率不高；标准长方体的物体比形状不规则的物体能更好地利用空间。空间利用率还受到装运规模的影响，大批量产品往往能相互嵌套，从而较充分地利用空间。

5. 搬运的难易

容易搬运的产品可以通过一般的搬运设备完成搬运，而特别的搬运设备则会提高总的运输成本。此外，产品在运输和存储时所采用的包装方式（如用带子捆起来、装箱或装在托盘上等）也会对搬运成本产生影响。

6. 责任

责任主要关系到货物损坏风险和导致事故索赔，因此要考虑对产品的易损坏性、易腐性、易被盗窃性、易自燃性以及货物的单位价值。高价值产品一般比较易受损，也容易被盗窃。当承运人承担的责任风险较大时，他可以索要的运输费用也相对较高。

承运人必须通过向保险公司投保来预防可能发生的索赔，否则有可能要承担任何可能损坏的赔偿责任。托运人可以通过改善保护性包装，或通过减少货物灭失损坏的可能性来降低其风险，从而最终降低运输成本。

7. 市场

除了与产品有关的因素外，市场因素也对物流成本有重要影响。影响比较大的市场因素有：①同种运输方式间的竞争以及不同种运输方式间的竞争；②市场的位置；③政府对承运人规制的现状和趋势；④运输活动的季节性等。

另外，运输通道流量和通道流量均衡等市场因素也会影响到运输成本。运输通道指的是从始发地到终到点的移动途径。因为车辆最后必须回到始发地，它们要么另外找到待运的货物，要么空车返回。当发生空车返回时，有关劳动、燃料和维修保养等费用仍然必须按照原先的“全程”运输支付。理想的情况就是“平衡”运输，即运输通道两端的流量相等。但制造地点与消费地点需求的不均衡，使得通道两端流量相等的情况很少见。物流系统的设计必须考虑这些方面，并且应尽可能地增加回程运输。

（二）物流环节中的运输成本结构

1. 变动成本和固定成本

变动成本是指与每一次运送直接相关的运送费用，包括劳动成本、燃料费用、维修保养费用等，通常以一种可预见的、与某种层次的活动有关的形式变化。固定成本是指在短期内虽不发生变化，但又必须得到补偿的那些费用。这类固定成本包括不受装运量直接影响的费用。对运输企业而言，固定成本包括站点成本、信息系统成本及车辆成本等。一般而言，运输费率必须弥补变动成本。

2. 会计成本和机会成本

会计成本也是财务成本，是以实际发生的成本为基础。一般认为，为生产而发生的各项财务支出均为成本。机会成本则是经济学意义上的成本，如运输公司用一卡车去运输5吨棉花赚取200元时，公司不可能同时用它去运输10吨矿砂赚400元。后者就是被前者错过的服务的机会成本。

在正常运作的市场上，价格通常等于（趋于）机会成本。

3. 联合成本和公共成本

联合成本是指决定提供某种特定的运输服务而产生的不可避免的费用。例如，当承运人决定将一卡车的货物从地点A运往地点B时，意味着这项决定已产生了从地点B往地点A的回程运输的联合成本。于是，这种联合成本要么由最初从地点A至地点B的运输补偿，要么必须找到一位有回程货的托运人。公共成本是承运人代表所有的托运人或某个分市场的托运人支付的费用。公共成本，诸如端点站、路桥费或管理部门收取的费用，通常是按照装运量分摊给托运人。

承运人在向托运人索要运费时，必须考虑对联合运输成本和公共运输成本来说，要随时保持运输费率既有利可图又有竞争优势。当承运人有必要与托运人洽谈运输费率时，他们必须持续评估这些费率，以保证其精确度和可获利性。

4. 边际成本和平均成本

边际成本表示每增加1单位的产出所需要增加的成本，例如，企业生产1000张光盘的总成本是2000元，生产1001张光盘的总成本是2001元，那么生产第1001张光盘的边际成本是1元。

平均成本是指平均每单位产出所需要的成本。成本=总成本÷产量。总成本由固定成本和可变成本组成，平均成本也同样由固定成本和平均可变成本组成。通过比较平均成本和平均价格，或平均成本和平均收益，企业可以知道是否可以获利。

具体计算时，运输成本通常由两类成本构成：一是直接成本，即完成运输过程直接使用的费用；二是间接成本，即管理和营销等费用。

第八章　道路交通运输经济管理

第一节　道路运输市场

道路运输市场作为社会主义市场的重要组成部分，为了能更好地为国家经济发展服务，我们有必要了解道路运输市场有别于其他市场的特性，了解和掌握道路运输市场存在的规律性，从而促进整个市场经济的发展。

一、道路运输市场的定义

狭义的道路运输市场是指道路运输劳务交换的场所，该场所为旅客、货主、运输业者、运输代理者提供交易的空间。广义的道路运输市场则包括运输参与各方在交易中所产生的经济活动和经济关系的总和，即道路运输市场不仅是道路运输劳务交换的场所，而且还包括道路运输活动参与者之间、运输部门之间的经济关系。此外，道路运输市场作为整个市场体系中的一部分，同样包含资源配置手段这一深层含义。

二、道路运输市场的构成

道路运输市场是道路客货运输供求关系的总和，是一个多层次、多因素的集合体。构成道路运输市场的要素如下。

（1）运输需求者。道路运输市场上的需求方构成比较复杂，包括工业、农业、商业、矿产业、建筑业等不同行业及各类部门和个人。这些需求者在运输需求的质量、数量等方面存在较大差异，客观上形成了不同层次、不同类型的运输需求。

（2）运输供给者。运输供给者的构成同样比较复杂，它由具有不同经济性质的企业和不同的经营者组成。

（3）运输中介。是指为道路客货运输需求与供给提供各种客货运输服务信息及运输代理业务的企业或经纪人。随着道路运输市场的不断发展，运输中介已经成为市场中一个不可或缺的阶层和集团。由于专门从事中介活动，运输中介服务成本相对较低，在扩大市场范围、促进运输交易发展方面也发挥着越来越明显的作用。

（4）政府主管部门。由于运输市场的特点决定了它在某个时期和某些地点能形成极端垄断，而在另一时期和另一些地点又具有较强的竞争性，而过度的垄断和竞争对道路运输市场是不利的，有时甚至是灾难性的。因此，仅仅依靠市场本身来调节运输供求，决定运输业的发展是不够的。这就需要政府主管部门在运输市场中发挥必要的作用。政府作为道路运输市场的组成部分之一，不直接参与企业的具体经营活动，而是通过制定有关法律、法规、政策来规范和影响道路运输市场，从而达到宏观调控的目的。

三、道路运输市场的特征

运输业本身的特点，决定了道路运输市场具有一些与其他市场不同的特征。

（一）道路运输市场具有较强的时空性

运输业本身的特点决定了它所遍及的空间十分广泛。道路运输市场表现出了极强的空间性与时间性。道路运输的需求主要依赖当地的社会、经济、文化、科技等方面的发展以及地理条件等。不同的地区由于自然资源、人文文化、经济发展水平等条件各不相同，对运输需求也不尽相同，从而造成区域不平衡性。因此，道路运输需求空间分布的特性决定了市场的空间分布特征。

无论是旅客运输还是货物运输，往往都与季节变化有特定的关系。在不同的时间和季节当中，道路运输需求在数量、内容、结构等方面存在明显的差异。道路运输需求的季节性变动，使运输生产的时间特征十分明显。由于各种因素的影响，道路运输市场在空间和时间方面都存在着明显不均衡性，平衡运输需求、实现均衡运输是运输管理者的管理目标。

（二）道路运输市场供求关系的不平衡性

运输市场中，供需双方都是由多层次、多渠道、多种经济成分、多种运输方式和多种货物品类及形形色色的旅客组成的复杂结合体，在地域分布上也存在很大的不平衡性，从而使得市场经济关系时合时分、时紧时松，经常处于波动变化的状态之中；另外，其他产业的兴衰也对道路运输经济随时发生作用，这些供求关系的平衡或不平衡也直接影响道路运输市场的平衡或不平衡。这两种情况，使道路运输供求关系经常处于不平衡之中。

（三）道路运输市场既有固定场所的形式，也有不固定场所的形式

固定场所的形式，如道路运输企业的客运站、货运站、招呼站等。同时，运输生产活动在空间上的广阔性也具有不固定场所的形式，即货在哪里就在哪里装，人在哪里就从哪里运。

第二节　道路运输成本与运价

运输成本问题涉及道路运输业经济的各个方面，是研究道路运输经济活动的中心问题，是价格在道路运输业的主要表现形态，也是合理确定道路运输价格的重要依据。

一、道路运输成本管理

（一）道路运输成本的分类

为规范实际成本的范围，《企业会计准则》规定，企业为生产商品和提供劳务等发生的直接人工、直接材料、商品进价和其他直接费用，计入生产经营成本；企业为生产商品和提供劳务而发生的各项间接费用，应当按照一定标准，分别计入生产经营成本。企业行政管理部门为组织和管理生产经营活动而发生的管理费用和财务费用，为销售和提供劳务而发生的进货费用、销售费用等应当作为期间费用，直接计入当期损益。这就与国际惯例相结合，严格划分了“生产经营成本”与“期间费用”的概念，生产经营成本属产品成本的范畴，期间费用不再计入产品成本而作为当期损益来处理。

道路运输企业为生产经营活动所支付的各项货币支出，一般称为营运费用。在这些费用中，一部分是运输生产所消耗的，另一部分则是与经营期间有关的消耗，将为运输生产所消耗的费用按一定的范围和对象进行汇集或分配，就构成了

运输成本。例如，按客车、货车进行汇集或分配，就构成了客车、货车的运输成本；按单车进行汇集、分配，就形成了单车的运输成本；而与经营期间有关的消耗，如管理费用、财务费用等列为期间费用。

1. 运输成本费用的主要内容

根据现行道路运输企业财务制度规定，道路运输企业的运输成本主要内容如下。

（1）直接材料。企业在营运生产过程中实际消耗的各种燃料、材料、润料、备品配件以及轮胎、专用工具、器具、动力照明、低值易耗品等支出。

（2）直接人工。企业直接从事营运生产活动人员的工资、福利费、奖金、津贴和补贴等。

（3）制造费用。企业直接从事营运生产过程中发生的固定资产折旧费、修理费、租赁费（不包括融资租赁费）、行车杂费支出、车辆牌照检验费、过渡费、车辆冬季预热费、过路费过桥费、过隧道费、驾驶员途中住宿费、取暖费、水电费、办公费、差旅费、保险费、设计制图费、试验检验费、劳动保护费以及职工福利费，季节性、修理期间的停工损失，事故净损失等支出。

道路运输企业的期间费用主要包括以下内容。

第一，管理费用。包括公司经费、工会经费、职工教育费、劳动保险费、待业保险费、董事会费、咨询费、审计费、诉讼费、排污费、绿化费、税金、土地使用费、土地损失补偿费、技术转让费、技术开发费、无形资产摊销、开办费摊销、业务招待费、广告费、展览费、坏账损失、存货盘亏（减盘盈）、毁损和报废以及其他管理费。

第二，财务费用。财务费用是指企业为筹集资金而发生的各项费用，包括企业营运期间发生的利息支出（减利息收入）、汇兑净损失、调剂外汇手续费、金融机构手续费以及筹资发生的其他财务费用等。

企业的下列支出，不得列入成本或费用：为购置和建造固定资产、无形资产和其他资产的支出；对外投资的支出；被没收的财物，支付的滞纳金、罚款、违约金、赔偿金以及企业赞助、捐赠支出；国家法律、法规规定以外的各种付费；国家规定不得列入成本、费用的其他支出。

2. 营运费用的分类

道路运输企业进行生产经营活动的全部支出称为营运费用，包括运输生产支出和非运输生产支出。前者是指为进行运输、装卸、车辆机械保修等作业而发生的支出；后者是指不属于上述生产范围内的各项支出等。

道路运输企业发生的营运费用多种多样，根据营运费用的特征和成本管理的要求，可以按不同的标准进行分类。

（1）按费用的经济性质分类。基本上就是按费用属于物化劳动耗费还是属于支付给劳动者的报酬来进行分类的。这种分类方法所划分的费用类别称为营运费用要素，具体可分为以下几项：①反映耗用在劳动资料上的成本费用，如固定资产折旧、低值易耗品摊销等；②反映在劳动对象上的消耗，如外购材料、外购燃料和外购动力等；③反映活劳动消耗的成本费用，如工资、奖金、各种补贴等；④其他费用，如邮电费、差旅费、利息费用等。

（2）按营运费用的经济用途分类。是根据各种费用的具体用途和支出的部门、环节进行分类的，将费用的发生与生产经营的关系划分为若干个成本项目。具体可划分为：①直接材料，即在运输生产中直接构成运输生产经营成本的原材料、辅助材料、燃料、轮胎、保修、大修、低值易耗品等支出；②直接人工，即企业直接从事营运生产活动人员的工资、福利费、奖金、津贴和补贴等；③制造费用，即那些用于运输生产但不能直接计入运输成本的各项费用，如车队经费、车站经费等；④管理费用，即为组织和管理企业运输生产经营活动所发生的各项费用；⑤财务费用，即企业在筹资等财务活动中发生的费用；⑥其他支出，即除上述成本费用项目之外的其他支出，如营业外支出等。

（3）按营运费用与成本计算对象的联系分类。营运费用按其计入成本对象的方法不同，可分为：①生产经营成本（制造成本），即与企业生产直接相关的各项支出，包括直接材料、直接人工和制造费用等项目；②期间费用，即与企业的特定经营期间相关的各项支出，包括管理费用和财务费用等项目。

营运费用按成本计算对象分类，能够使各种费用标准准确计入相应的成本计算对象之中，便于正确反映企业成本水平。

（4）按营运费用与业务量的关系分类。道路运输企业的营运费用可以划分为甲、乙、丙三类。

甲类费用，亦称固定费用，是指在一定计算期或相关运输量范围内，其费用总额基本上不变的费用。在此期间或相关范围内，其总额不受车辆行驶里程和完成周转量多少的影响。按现行制度规定的成本核算办法，前述成本费用项目中的工资及福利费、管理费用以及其他车辆费都属于甲类费用。

乙类费用，亦称车・公里变动费用，是指该费用总额随车・公里增减而变动的费用。现行成本核算办法规定，前述成本项目中的燃料、轮胎、保修、大修、折旧以及行车事故损失等都属于乙类费用。

丙类费用，亦称吨（人）・公里变动费用，是指该费用总额随完成周转量多少而增减变动的费用，在运价基本稳定的情况下，营运收入与周转量成正比例增减变动，所以，随收入变动和随吨（人）・公里变动基本上是一样的。

在车辆载运系数基本稳定的条件下，车・公里变动费用也将随周转量增减而变动。车・公里变动费用可以通过载运系数换算为吨（人）・公里变动费用。

以上四种分类方法，各有其不同的作用。其中，按要素分类和按用途分类是主要分类，后两种分类是在按成本项目分类的基础上进行的，主要用于实际的成本分析。

（二）降低运输成本的途径

影响运输成本变化的因素很多，有企业内部的因素，也有企业外部的因素。企业内部的因素既有运输生产方面的，也有经营管理方面的，如车辆技术状况、车辆保修质量、企业职工素质和经营管理水平等。企业外部因素包括：企业所在地工农业生产发展速度、客流、货源、运输市场竞争情况、公路等级、通过能力、气候条件和其他各种运输方式发展情况等。虽然影响因素很多，但归纳起来主要有两个：一是客货车完成的换算周转量；二是客货车运输总成本。很显然，在客货车总成本既定的条件下，客货车换算周转量增加，就可以降低吨・公里单位成本；在客货车换算周转量不变的情况下，减少成本总额，也可以降低吨・公里单位成本。所以，降低道路运输成本的途径，应从人、车、管、路四个方面入手。

1. 人的方面

随着生产力的不断发展、科学技术的突飞猛进，道路运输对职工的素质要求越来越高。为了提高企业职工的全面素质，必须抓好智力开发和职工培训工作，使广大职工的自我价值得到充分实现，成为具有高度的政治素养、精通业务技术、懂管理、会经营的生产、技术和业务骨干。在此基础上，还要尽可能地压缩非生产人员和多余人员，严格执行定编、定员、定岗，以减少这些人员的工资开支。只有这样，才能有效地降低运输成本。

2. 车辆方面

营运车辆是道路运输企业主要的劳动工具，车辆技术状况、各种车型配比和车辆生产率的高低，都直接影响运输单位成本的水平。

（1）大幅度地提高车辆生产率。车辆生产率是反映和考核车辆生产效率的一项重要指标，包括单车期产量、车吨（座）期产量、车・公里产量等。单车期产量是指每辆车在一定时期内完成的运输周转量，但由于车辆吨（座）位大小不同，因此，单车期产量是一项不可比指标。车吨（座）期产量是指车辆每一吨（座）位在一定时期内完成的运输周转量，它是综合反映车辆运用效率和生产效率的指标。车・公里产量是指车・公里完成的周转量，它也不能综合反映车辆不同吨位大小之间的生产效率，只反映车辆车・公里的生产效率。因此，提高车吨（座）期产量，是增加产量和降低运输成本的有效途径。车吨期产量的计算公式是：

$$\text{车吨期产量}=\text{日历天数}\times\text{平均车日行程}\times\text{行程利用率}\times\text{平均吨位}\times\text{吨位利用率}\times\frac{1}{1-\text{拖运率}}$$

上式中，除计划期日历天数外的其他5项指标，任何一项指标的变动都会影响车吨期产量的高低，但它们对单位运输成本水平影响的程度却不相同。上述公式中的前3项，即表现为车辆总行程，后4项指标表现为车辆的载运系数，即运输效率。假定车辆的载运系数不变，仅靠提高车辆总行程指标来增加车吨期产量，那只能降低单位成本分摊的固定费用，车・公里变动费用并不会因此而降低；如果车辆的总行程不变，通过提高车辆的载运系数而增加周转量，则不仅可以减少单位成本中的固定费用，而且还可以减少单位成本中车・公里变动的费用。

由此可见，行程利用率、平均吨位、吨位利用率以及拖运率等指标是影响单位成本升降的主要因素，即只增加少量的车·公里变动费用，却可以有效地降低运输成本。但是，实载率和拖运率的提高也有一定的限制，它们往往受货源、道路条件、车辆技术状况、生产组织、车辆调度工作等因素的影响。因此，企业应加强货源组织和客流的调查以及车辆的调度工作，做到按计划运输，合理调配车辆，积极推行拖挂运输以提高实载率和拖运率。与此同时，也应提高工作率和平均车日行程。只有这样，才能真正有效地降低运输成本。

（2）使用耗能小、效率高的大吨位车辆及新能源车辆。车辆吨位的大小对运输成本的影响很大。一般来说，大吨位车辆的单车产量高，消耗相对少，与小吨位车辆相比可以大幅度降低成本。如8吨车与4吨车相比，单车产量高一倍，而成本只是车·公里变动成本稍有增加，固定成本增加很少。因此，在营运条件允许的情况下，使用大吨位车辆，特别是半挂车和柴油车，都是降低成本的重要和关键因素。但特别要注意的是，在使用大吨位车辆时，要取得运输成本降低的实际效果，其前提是大吨位车辆的各项效率指标应不低于小吨位车辆的效率指标才有效。同时，车辆新旧程度不同，对单位成本水平影响也较大，新车与旧车相比，新车的生产效率高，耗能少，保修费用少，成本低，经济效益好。由于电能源转换效率更高，因此电动车耗电的费用比普通汽车耗油成本更低。随着新能源汽车使用量的逐年增加，充电桩等各项配套设施将逐步完善，未来采用新能源车辆的成本将会越来越低。

3. 管理方面

企业运输生产经营管理的好坏，直接影响到运输单位成本水平的高低。对道路运输企业来说，管理是最重要的影响因素。因为在运输生产过程中，劳动对象并不掌握在企业手中，运输的空驶以及运输劳务的不可储存性，决定了运输生产存在着许多不可避免的无效运输。因此，加强企业运输生产管理、降低运输虚耗、提高运输效率等都对降低运输成本有着重要的意义。

（1）加强行车耗用燃料管理，降低燃料消耗。营运汽车行车耗用的燃料，一般要在运输成本中占25%，因此，节约燃料消耗是降低运输成本的重要因素之一。影响车辆行车燃料消耗的因素是多方面的，如公路等级、车辆技术状况、保修质量、驾驶员操作水平以及燃料管理制度等。节约燃料消耗，首先要制定先进合理的行车燃料消耗定额，同时要把燃料的节约同驾驶员的经济利益挂钩；其次要加强技术管理，总结推广节油经验，提高车辆保修质量；最后要建立一套科学的油料领发、管理和定额考核的责任制度，把行车耗用燃料作为考核单车的一项重要指标。

（2）加强轮胎和车辆技术管理，延长轮胎使用胎·公里和大修间隔里程。轮胎和大修费两项费用，在运输成本中所占比重一般仅次于燃料和保修费，这两项费用的节约和超支，也是影响运输成本的重要因素。所以，不断延长轮胎使用胎·公里和大修间隔的里程，可以相应地降低每胎·公里和千胎·公里费用，从而降低轮胎费用和大修费用。加强轮胎和大修费用的管理，企业要搞好车装轮胎和在用轮胎的技术鉴定、定期换位、保养、翻修、使用、保管等项工作；企业的营运车辆都要建立单车技术档案和统计台账，记录已行驶里程，定期考核大修间隔里程定额的执行情况，把两项费用定额作为考核单车的主要指标。

（3）加强车辆技术管理，提高保修质量，减少小修费用。节约小修费用是降低运输成本的重要措施，一般在运输成本中把保养和小修费用列为一项费用来管理，但它们在降低运输成本的要求上是有区别的。保养费用要求按计划开支，小修费用要求尽可能节约，只有按计划进行车辆的各级技术保养，才能节约小修费用。在车辆小修费用中，材料费的节约是关键。

（4）加强全面质量管理，提高工作质量。道路运输企业质量管理，主要包括行车质量、服务质量和保修质量等方面的内容。加强全面质量管理，可以减少行车事故，从而减少行车事故损失，而提高工作质量，可以减少小修费用。所以，加强全面质量管理，也是降低运输成本的一项重要因素。

（5）实行成本管理责任制，搞好单车和保修班组的经济核算。加强单车和保修班组的经济核算，是加强车队（场）和企业经济核算及成本管理的基础，只有单车和保修班组各项核算指标完成计划，才能保证车队（场）和企业成本计划的完成。单车和保修班组核算指标，应按照管什么算什么的原则，核算单车班组能够直接掌握的一些指标。单车一般核算运量、周转量、燃料消耗、轮胎使用胎·公里、大修间隔里程、小修费用和安全间隔里程等指标；保修班组一般核算出勤率、工时利用率、材料消耗、返修率、修竣日期等。

另外，要实现通过降低成本增加企业利润，就要对企业发生的期间费用进行严格预算和控制，其控制方法可以采用预算控制、审批控制等。只有这样，降低运输成本和增加企业利润才能落到实处。

4. 道路方面

道路条件的好坏，虽不属于道路运输企业本身的问题，但是它对运输单位成本水平具有直接影响。道路条件好、路面等级高，不仅可以提高车辆技术速度和车辆生产率，而且还可以节约燃料消耗、减少机件磨损、节约小修费用、延长使用胎·公里和大修间隔里程等。所以，道路条件的好坏，也是降低运输成本的重要条件。因此，交通主管部门要不断为企业创造良好的道路条件，使道路运输企业的成本水平有一个较大的提高。

二、道路运输价格管理

（一）政府定价和政府指导价的管理

政府定价和政府指导价应根据当地物价总水平、道路运输的平均成本及市场供求状况，考虑道路运输与其他运输方式的比价关系，综合制定。抢险、救灾、战备等客、货运和跨省、跨地（市）定线客、货运的价格水平和幅度由省级物价部门和交通主管部门共同制定。各地物价管理部门和交通主管部门按分工管理权限制定和调整道路运输价格。道路运输价格的制定和调整应向上一级主管部门呈报备案，并以书面形式正式下达。

（二）经营者定价的管理

经营者因经营活动的需要，可在规定的定价范围内或在政府指导价规定的幅度范围内自行制定调整运输价格。经营者应实行明码标价，公示服务项目及价格，并保持价格基本稳定。班车客运经营者应至少提前7日在汽车客运站、售票渠道等向社会公布执行票价。由于完善了事前公告要求，因此取消了班车客运价格确定、调整的事前备案。经营者应建立内部运价管理制度，加强道路运输价格内部管理，自觉接受物价、交通主管部门对道路运价的监督检查，如实提供道路运价监督检查所必需的账簿、单据、凭证、文件及有关资料。

第三节　道路运输行业管理

道路运输行业管理是指全社会的道路运输管理。经济体制改革产生了行业管理的需要，专业性经济管理部门从具体管理企业的经营转向搞好行业管理，实现由管理直属企业逐步转变为全行业管理，由管理企业的生产事务逐步转变为面向全行业的行政管理。道路运输行业管理是交通运输部门在经济体制改革中转变职能所采取的一个重要步骤。

一、道路运输行业管理特点和目标

（一）行业和行业管理

行业是一个社会经济概念，是随着社会生产力的提高而出现社会分工的结果。生产上的社会分工便形成了众多的经济活动群体，多种从事同一生产或服务活动的经济活动群体就自然而然地形成了一个行业。交通运输业按不同的运输方式，一般可分为：道路运输、铁路运输、水路运输、航空运输、管道运输五个行业，道路运输行业就是其中的一个。

为了维护行业群体利益，同时也为了处理行业内部和外部的关系，就有了行业管理的需要。国家为了保证国民经济发展总目标的实现，通过政府和经济管理部门，对国民经济各部门、各行业的发展方向、发展规模、发展速度进行必要的调节和监控，对各行业的经营活动进行法律的和行政的规范，履行计划、指导、监督、协调等职能，这就是行业管理。政府、交通部门对道路运输行业实施上述职能就是道路运输行业管理。

行业管理是指政府专业经济部门对全行业的行政管理。行业管理部门具有政府行政的权威性，在管理内容和职能上，要根据国家关于国民经济发展的总体目标，确定行业的发展目标，对行业的经济活动进行计划、指导、协调、监控。除了政府的行业管理部门外，目前还组织了多种形式的民间的、自我协调的行业管理组织，作为沟通政府与行业之间的渠道，政府行业管理部门与民间的行业管理组织是我国行业管理的两大主体，它们紧密合作，积极配合，促进行业经济发展。这种行业管理的形式和内容，是与我国的经济结构和社会主义市场经济相适应的。

（二）道路运输行业管理特点

行业是国民经济的组成部分，行业管理也就成为整个国民经济管理的一个组成部分，是国民经济中的部门经济管理。所以，道路运输行业管理就其性质来说是国民经济管理中的道路运输部门经济管理。

道路运输行业的性质决定了其行业管理的以下特点。

（1）管理范围。行业管理的对象是行业的全部，也就是说，只要是道路运输行业的经营者，不论其所有制性质如何，也不论其行政隶属关系如何，均在道路运输行业管理的范围之内。行业管理部门与管理对象之间不存在所有权的问题，只是管理与被管理的关系，而且行业管理部门还履行行业市场管理的职责。

（2）管理方式。道路运输行业管理侧重于道路运输全行业的宏观间接调控，对全行业进行调节、控制、监督，除指令性的紧急运输外，一般不直接组织和指挥运输生产，不干预企业内部的经营和生产活动。

（3）管理目标。道路运输行业管理侧重于谋求社会效益和道路运输全行业的综合效益。

（4）管理手段。道路运输行业管理强调经济的、法律的、行政的三种手段的综合运用，重视信息诱导手段和组织协调手段，要求逐步淡化行政管理手段。

（三）道路运输行业管理的目标

1. 运输结构目标

运输结构目标是指为保障道路运输行业整体目标的实现，所形成的合理化的经济结构、技术结构和网络结构。道路运输行业管理部门应根据道路运输生产发展的需要，制定相应的运输结构目标。

（1）建立以公有制道路运输经济为主体，各种经济成分协调发展的经济结构目标。道路运输行业管理部门应在公平竞争的基础上，合理地扶持公有制道路运输企业、汽车维修企业、运输服务企业的发展，提高公有制运输企业的自我积累、自我发展、自我约束的能力。从这个要求出发，一要鼓励公有制运输企业搞好经营机制的转换，积极探索建立现代企业制度的新路子；二要引导公有制运输企业在经营方向上逐步向专业化、高技术运输转变，积极发展适宜国有运输企业经营的零担运输、大件运输、化工货物运输、集装箱运输、大吨位货物运输和高档舒适型旅客运输等，占领高技术与特种运输市场，扩大运输的保障功能和劳动服务的覆盖面，更好地发挥其优势和主导作用。

（2）维护营业性运输者的合法权益，积极引导自用型运力向经营型方向转变，从根本上解决道路运输市场不平等竞争的问题。厂矿企业事业单位的自备车辆，目前占汽车保有量的一半以上。这些自备车辆绝大多数不搞独立核算，或不完全独立核算，运输不计成本、不考虑效益、不承担纳税任务，以其不合理的“优势”冲击运输市场，造成竞争条件的不平等，损害了经营性运输者的合法权益。从维护国家整体利益、保护合法经营权益出发，合理解决自备车辆不合理的经营体制问题是十分必要和迫切的。道路运输行业管理部门要引导自用运力向营业性经营转变，即要独立核算、自负盈亏、考虑成本与效益、执行规定的运价、承担同等的上交税收任务，从根本上解决竞争不公平的问题。

（3）对个体运输要加强引导和管理，充分发挥它的应有作用。由于个体运输经营中存在一些行为不符合规范或无证经营等现象，因此，有必要对其核定经营范围和线路，采取有效措施搞好经营行为的监督和检查，限制其消极因素，充分发挥其积极作用，使我国施行的“三个一起上”（国有、集体、个体）和“三个一起办”（各地区、各行业、各部门）道路运输的基本政策得到充分落实。

2. 运输生产目标

运输生产目标就是为满足社会对运输的需要，道路运输管理部门应根据当地一个时期的运输要求，制定相应的必须完成的客货运输量指标，并提出实现这一目标的保障措施。运输生产目标包括了量和质两个方面的要求，不仅要完成一定的客货运输量，还要保证运输的安全质量，包括良好的服务质量。运输生产目标就是要通过运输生产，实现货畅其流和人便于行，并体现保障旅客和货主的正当权益的要求。

3. 运输环境目标

运输环境目标就是为了道路运输业的健康发展，创造良好的环境和条件所要达到的目标。运输环境的基础是合法经营和平等竞争。道路运输管理部门应根据当地运输市场的具体情况，提出维护运输市场正常秩序的工作目标。与此同时，努力在资金、信贷、税收、价格等方面创造有利于行业发展的外部条件。

对运输环境，应坚持“放”和“管”的有效结合，建立和健全市场规则，开展正当的、平等的竞争。目前应围绕培育和发展交通运输市场，加强法治建设步伐，特别是要抓紧修订不适应社会主义市场经济要求的管理规章，制定和完善市场准入条件、规范市场行为的有关规章。严格规范道路运输的经营行为，在平等的条件下开展正当的竞争，强化道路运输市场的监督和管理，创造良好的运输环境。

4. 自身发展的目标

行业管理自身发展目标就是按照不断提高行业管理水平的要求，提出加强行业管理机构建设的目标。

道路运输管理部门是政府管理道路运输行业经济的职能机构，是行业管理的实施者，在加强道路运输行业管理的同时，要加强管理机构自身建设。道路运输管理部门要根据各个时期的工作要求和实际条件，提出自身建设目标，逐步实现行业管理工作的制度化、规范化、科学化和现代化。应当着重搞好以下几个方面的建设工作。

（1）制度建设。制度建设是指运输管理机构内部工作制度的建立、健全和实施。制度建设的基本要求是要有利于集中统一指挥，有利于内部各个岗位的协调配合，有利于调动工作人员的积极性，有利于提高办事效率。总之，制度建设是为了保证各级运输管理机构的运转始终处于正常、顺畅的状态。

（2）基础工作建设。加强基础工作建设是促进道路运输行业管理工作的深化和提高，是实现管理工作规范化、科学化和现代化的必要条件。道路运输行业管理的基础工作，主要是指对道路运输行业的基础情况、动态趋势、变化发展等方面的资料掌握和分析工作。因为只有掌握并熟知这些客观而真实的变化发展数据，才能制定出符合实际的、有针对性的方针政策和法规，才能对行业的发展实行科学的预测，制订正确的规划，实施有效调控和监督。由此可见，搞好行业基础工作建设具有重要的意义。

（3）管理设备与设施的建设。道路运输是一种现代化的运输方式，其生产和经营活动是在广阔范围内进行的。行业管理机构应当配套与之相适应的管理设备与设施，如加快普及现代化管理手段、改善通信设备、配备性能良好的交通工具等。

（4）运管人员队伍建设。道路运输行业管理是依靠运管人员去履行的，因此，运管人员的素质决定着行业管理的水平，要对运管人员在政治思想素质与业务素质两个方面加强建设，造就一支合格的运管队伍，以适应现代化道路运输行业管理的需要。

（5）运输效益目标。运输效益目标就是在提高道路运输社会效益的前提下，应当达到的行业经济效益目标。提高道路运输的经济效益是提高道路运输社会效益的必要条件，两者相互依存，是统一的整体。

道路运输管理部门应当在加强经济调查和分析的基础上，确定行业经济效益的目标，努力帮助运输经营者降低运输成本、提高运输效率、合理组织运输、推广新技术等，使运输经营者和全行业取得最佳经济效益。

二、道路运输行业管理的职能

所谓行业管理的职能，就是指行业管理在行业经济活动和行业发展中的职责。它的职能可以概括为以下三个方面。

（一）调控职能

调控职能是按照国民经济发展的总体目标和道路运输在综合运输体系中协调配套的要求，确定道路运输行业的发展方向、发展规模和发展速度，进行宏观调控。调控职能大体包括以下几个方面。

（1）总量控制。总量控制就是合理配置适应不同运输要求的各类运输车辆，以满足用户的各种需求和促进运输市场的有序竞争。

（2）经济结构控制。经济结构控制就是实现行业内部各种经济成分的协调发展。

（3）行业结构控制。行业结构控制就是根据道路运输的需要，对站点设施、车辆维修、搬运和运输服务等进行合理配置和布局。

（二）监督职能

监督职能是指根据道路运输行业发展目标的要求和有关政策，制定经营资格、经营行为等行业经营活动的各种规范，并据此对经营者的经营活动进行考查、督导和检查，以纠正一切偏离行业发展目标的政策、法规的行为，维护正常秩序，确保行业发展目标的实现。

监督职能大体包括以下三个方面的内容。

（1）法规及规范的制定。这就是制定保障道路运输正常进行和健康发展的各项法令规章和任务、技术标准。

（2）经营条件的监督。这就是审定和检查经营者的经营条件、技术等级、经营范围、核发相应的经营证明文件。

（3）运输商务的监督。这就是对运输经营者的商务活动和经营行为，包括质量、价格、票证和合同履行等进行核实、监督和检查。

（三）协调服务职能

协调服务职能是指做好协调服务工作，为企业经营提供良好的外部环境。大体包括以下内容。

（1）协调好行业管理中的各种关系。包括经营者之间、行业管理与部门管理之间、地区之间、承托双方之间等的关系，为企业经营创造良好的外部环境，同时也保护好消费者利益。

（2）提供行业信息服务。提供行业信息是运管工作的重要内容。搞好管理性服务是道路运输行业管理机关的重要职责。从本质上讲，管理就是服务，因此，在实际工作中必须处理好管理与服务的关系，寓管理于服务之中，把管理与服务结合起来，提高管理效果。随着市场经济体制的建立和完善，行业管理部门定期或不定期发布信息将是一项特别重要的任务，主要包括技术信息、市场信息、政治信息、社会信息等。

第四节　车载终端在道路运输统计中的应用

随着车联网时代的到来，车辆终端设备成了大量车辆数据的主要来源之一。车辆终端设备指的是车辆监控管理系统的前端设备。车载设备在道路运输统计中的应用体现在以下三个方面。

一、车载设备对运输量统计的改进

车载设备作为全新的车辆监控设备，目前主要应用于交通监控、车辆性能监测、驾驶员行为监测等方面，但是部分学者指出将压力测试系统设计到车载设备模块中，以此推导车辆的载客数量。如张运洋提出可以设计出AD采集测算系统，利用压力传感器测算车辆所受到的压力，通过人均体重计算车辆运载人数。[①]目前，主要是依托车载设备，通过不断改进压力传感器的设计，并采用抽样调查方法，对部分车辆安装或强制安装车载设备以进行车辆检测。因此，对于客运而言，可以通过监控视频文件、时间匹配或者图像识别，测算出它们相应的载客数量；对于货运市场，车载设备能够直接测得其行驶里程、车载质量等，能够实时掌握其货车运营的载重和该载重下车辆运行的里程数、速度等，这对于计算货运量具有重要的作用。

二、车载设备调节波动系数

公路运输量月度波动系数是指以某个调查月份的公路运输量为基数，全年各月份的公路运输量与该月份运输量的比值。根据张志俊的研究，计算波动系数需要采集各种车辆类型下的运输量与周转量。但是由于实际调查中数据的真实性有待商榷，并且高速公路收费数据与所需数据之间并不完全口径相对，因而，现有波动系数的调查中依旧存在着值得改进的地方。车载设备采集数据的非他人干扰性，能够充分地排除数据中存在的客观因素，同时，当车载设备在不同车型（班线客车、其他营业性客车、出租客车、公交客车、其他非营业性客车、营业性货运车辆、集装箱车）中有所使用时，可以利用车载设备进行相应的里程数和载重、载客人数的科学计算，进而计算车辆的客运量或者周转量，改进现有的波动系数计算依据，使波动系数的确定更具有真实性和科学性。

三、填补非营运车辆统计的空缺

目前，基于车载设备的统计分析及研究主要集中在私家车领域，主要采取的方式为：依据抽样调查原理，对样本私家车安装车载设备，通过车载设备提取车辆行驶中车辆各部分的运行数据或者驾驶员的驾驶行为数据，进而通过相关理论知识及模型进行分析研究。其研究对象主要分为两个方向：第一，对车辆各部件的性能、衔接性进行分析，发现车辆各部件存在的问题，为车辆制造企业服务，以期为车辆性能改进提供参考；第二，同政府部门合作，对引发交通事故的驾驶

① 张运洋.智能车载终端信息采集和传输的研究与设计［D］.大连：大连理工大学，2013：15.

员因素进行分析，为政府制定相关政策提供意见。对于道路运输统计而言，利用加载压力传感器的车载设备调查私家车的车型特征或者运输量，填补非营运车辆统计的空白，存在着非常大的研究必要和实施必要，能够扩充目前的交通运输调查范围并显著改善运输调查中的部分问题。

总之，随着物联网的发展，车载设备将会是未来交通和运输规划、调度或者调查中的重要途径。对于交通运输统计，应该试图通过车载设备后台的大数据来解决现行运输量统计中的部分问题。同时，车载设备后台数据的真实性、客观性能够很好反映实际情况，这将会是未来研究或者实际调查中的热点。

第四篇　企业管理与统计决策

第九章　企业管理的要素分析

第一节　人力资源管理与创新

一、人力资源管理的定义

人力资源管理是管理学中的一个崭新和重要的领域，在管理活动中具有举足轻重的地位。人力资源管理是一种组织管理职能。对于它的定义，国内外的学者们给出了许多解释：有的是从人力资源管理的目的来定义的；有的是从人力资源管理的过程或承担的职能来定义的；有的是从人力资源管理的实体（制度和政策等）来定义的；也有的是从人力资源管理的主体来定义的；还有的是从目的和过程综合来定义的。①

本书认为，人力资源管理就是现代的人事管理，是指企业（组织）为了获取、开发、保持和有效利用在生产和经营过程中必不可少的人力资源，通过运用科学、系统的技术和方法进行各种相关的计划、组织、领导和控制的活动，以实现企业（组织）的既定目标。即运用现代化的科学方法，对与一定物力相结合的人力进行合理的组织、培训和调配，使人力、物力经常保持最佳比例，同时对人的思想、心理和行为进行恰当的诱导、控制和协调，充分发挥人的主观能动性，使人尽其才、事得其人、人事相宜，以实现组织的目标。

二、人力资源管理的内容

（一）人员招聘

员工离职、组织中的水平流动（如员工队伍调整、换岗等）以及增加新岗位或组建新部门等战略任务的改变等原因，使企业出现空缺工作岗位，为此企业必

① 刘秋华．企业管理[M]．大连：东北财经大学出版社，2009：137.

须进行人员招聘。企业运用现代科学的测评手段，择优录取，是企业人力资源的主要渠道。

所谓人员招聘，就是企业根据自身空缺工作岗位情况，通过一定的程序，采用一定的方法选拔、录用企业所需人员的过程。

招聘的程序不是一成不变的，不同的组织因其规模、效益、性质的不同，其程序会有所差别。同一个组织，在不同的时期，对于某一个具体的岗位也可能出现不同的选聘程序。因此，应根据具体情况制定程序。一般的招聘的程序如下。

（1）人员需求确定。根据人力资源规划，对企业人员的供给进行预测，确定人员的净需求量，同时制定人员选拔录用政策。

（2）确认招聘标准。依据职位说明书，确认所需人员的任职资格、招聘内容和招聘标准。

（3）拟订招聘计划。拟订具体的招聘计划，并报企业领导批准。

（4）开展招聘宣传。企业的人力资源部门开展招聘的广告宣传及其他一些准备工作。

（5）进行材料筛选。对应聘者的简历、申请表和履历表等进行审阅，初步掌握应聘者的基本情况，选择可以参加进一步测试的应聘者。

（6）进行初步面试。由人力资源管理部门的负责人对应聘者进行初步面试，确定下一轮面试的候选人。

（7）进行各种测验。测验包括管理能力测验、智力测验、专业能力测验、个性测验和职业倾向测验等。管理能力测验是测试应聘者是否具有相应的管理能力，以及这种能力能否与职位的要求相适应；智力测验是测试应聘者学习能力、分析问题和解决问题的能力，包括应聘者的语言表达、逻辑推理、记忆和理解能力等；专业能力测验是测试应聘者是否具有岗位所需的专业知识、业务能力以及本岗位所需要的特殊的技能；个性测验是测试应聘者的个性、性格类型、事业心、成就欲望、自信心、亲和力、容忍性等；职业倾向测验是测试应聘者对于该岗位的兴趣和取向。以上测验既可以采取多种形式进行测试，也可以委托外部机构测试。

（8）进一步面试。由人力资源部主持，有关各方组成招聘专家组，对应聘者进行进一步面试，了解更多的信息，如求职者的抱负、合作精神等。

（9）核实与评价。核对应聘者有关应聘材料的真实性，对应聘者进行全面评价。

（10）建议录用人员。对于符合的应聘者建议组织吸纳，不合适的应聘者予以排除。

（11）进行体格检查。对应聘者进行专门的体格检查，如果组织对于人员的身体有特殊的要求，通过特殊体检确定是否合适；如果对人员的身体没有特殊的要求，只需进行一般的体检。

（12）进行录用决策。对符合组织要求的应聘者，通知录用并进入试用期。

（二）人员培训

随着市场竞争的不断加剧，企业已经逐渐认识到要获得竞争优势，就必须不断提高企业员工的整体素质，而培训是企业提高人才素质的主要途径。

培训是指企业为了实现组织自身和员工个人发展目标，有计划地对员工进行培养和训练，使之掌握与工作有关的知识、技能和态度等。可以看出，培训的目标是实现组织和员工个人发展目标，培训的目的是提高员工的素养，培训的主要内容是与员工有关的知识、技能和态度，培训是一项有计划的系统工程。

企业在挑选、录用新员工的时候，虽然进行了大量的工作，采用了考试、测试及其他科学方法，但这些新员工并不是一开始就具备完成规定工作所必需的知识和技能，也缺乏在公司集体中同心协力的工作态度。因此，公司为使他们尽快掌握必要的知识、技能和应具备的态度而对他们进行教育培训。

同时，企业是在一个不断变动的经济技术环境中生存和发展的，企业现有员工的知识、技能和工作态度必须与这种不断变动的外部环境相适应，知识、态度要不断更新，技能要不断提高。因此，无论是企业新录用的员工，还是企业现有的员工都需要进行培训。

员工培训的完整内容应该是：通过各种教导或经验的方式在知识、技能、态度等方面改进员工的行为方式，以达到期望的标准。因此，一个企业完整的员工培训工作应包括以下三个方面的内容。

（1）知识培训。通过培训，应该使员工具备完成本职工作所必需的基本知识，而且还应让员工了解企业的基本情况，如企业的发展战略、目标、经营状况、经营方针、规章制度等。

（2）技能培训。通过培训，使员工掌握完成本职工作所必备的技能，如谈判技能、操作技能、处理人际关系的技能等，这也能够培养、开发员工的潜能。

（3）态度培训。员工态度对企业的绩效影响很大。必须通过培训，建立起企业与员工之间的相互信任，培养员工对企业的忠诚，培养员工应具备的精神准备和态度，增强主人翁精神。

（三）绩效考核

员工工作业绩的高低直接影响企业的整体效益和效率，提高员工的工作绩效是企业的一个重要目标，而考核是实现这一目标的手段和方式。所谓绩效考核，是指依据一定的考核标准，遵循一定的考核程序，运用一定的考核方法对企业员工的绩效进行综合的评价。

绩效考核的方法很多，各有侧重，也各有优缺点。目前，企业采用的绩效考核方法差异很大，但其基本方法有以下几类。

1. 常规考核法

常规考核法最终产生的结果是按工作绩效由高到低排序的员工名单，据此可以作出精简组织、人事调整的决策。常规考核方法一般有以下三种。

第一，排序法。排序法分为直接排序法和间接排序法。直接排序法是由考核人员（主要是绩效考核员及被考核者的直接上司）按绩效表现从好到坏的顺序依次给员工排序。这种绩效表现既可以是整体绩效，又可以是某项特定工作的绩效。这种绩效顺序仅适用于中小企业，当企业员工的数量比较多时，以这种方法区分员工绩效就比较困难，尤其是对那些绩效中等的员工，此时可以采用间接排序法。间接排序法的第一步是把表现最好的员工列在名单开头第一位，把表现最差的员工列在名单倒数第一位，然后在剩下的员工中挑选最好的列在名单开头第二位，把表现最差的列在名单倒数第二位，这样依次进行，考核人员不断挑选出最好的和最差的员工，直至排序完成，排序名单上中间的位置是最后被填入的。

第二，两两比较法。两两比较法是指在某一绩效标准的基础上，把每一个员工都与其他员工进行比较来判断谁“更好”，记录每一个员工和其他员工比较时被认为“更好”的次数，根据次数的高低给员工排序。这种方法较之排序法的优点在于：考虑了每一个员工与其他员工绩效的比较，更加客观。其缺点是：如果需要评价的人数很多，则比较次数将非常多，工作量很大；若评价出甲比乙表现好，乙比丙表现好，丙比甲表现好，则无法自圆其说。

第三，等级分配法。由考核小组或考核人员先拟定有关的考核项目，按考核项目对员工的绩效做出粗略的排序。设立一个绩效等级并在各等级设定固定的比例分配，如“优”10%，“较优”20%，“中”40%，“较差”20%，“差”10%，按每个人的绩效排序分配绩效等级。采用这种方法的优点是绩效考核结果不再着重于具体排序，而着重于每个人的绩效等级。这种方法的缺点在于员工的绩效可能不适于分配设定的等级。

2. 行为考核法

对于上述三种常规方法来说，考核人员在运用时不得不把每一个员工的绩效与其他员工相比较，若整体绩效较差，这种考核就失去了客观的参考系，失去了准确性。而行为考核方法使考核人员能够独立于其他员工，仅依据客观的行为标准来考核每一个员工。行为考核方法一般有以下五种。

第一，量表评等法。量表评等法是应用最广泛的绩效考核方法。评等量表通常包括几项有关的考核项目，例如，评估中级管理人员的工作实绩时，一般制定的考核项目有：政策水平、责任心、决策能力、组织能力、协调能力、应变能力和社交能力等，对每项设立评分标准，最后把各项得分加权相加，即得出每项的绩效评分。量表评等法的优点是全面、结果量化、可比性强等；缺点是评分标准很难做到准确、明晰，考核结果的主观性较大。

第二，关键事件法。关键事件法是由考核人员将员工在工作中表现出来的好行为和坏行为（称为关键事件）记录下来，经过一段时间（可以是半年）后考核人员与员工进行面谈，根据所记录的特殊事件来讨论员工的工作绩效。这种方法的优点是侧重整个考评期内的考评，可以对员工进行充分准确的观察，既考查了员工的工作过程，又考查了工作结果和客观业绩，克服了重结果轻行为、追求短期效益的不足。缺点是无法进行量化处理，不能在员工之间、团队之间和部门之间进行工作情况的横向比较，因此，这种考核方法不适合为员工的奖金分配提供依据。

第三，行为评等法。行为评等法是关键事件法的深化和突破，它主要是通过行为事实方面的依据来考核员工，这些行为事实就是平时记录下来的关键事件。“行为评等法”共分四个基本步骤：①要进行工作分析，收集描述是否胜任该工作岗位的行为事实，把这些行为事实细分为多个方面，如管理能力、人际关系等。②每一个方面都设立具体的标准，并对每个方面的重要性进行量化，即分配权数。③根据这些基本行为事实的等级标准和权重，可以形成一张含义明晰、衡量公正、易于使用的表格。④考核人员可以使用这张行为评等表格进行员工考核。

第四，混合标准评等法。混合标准评等法综合了关键事件法和行为评等法的长处，尽量避免了两者的弊端，作为一种实践发展的产物，它是有较大优越性的。混合标准评等法使用混合标准量表，此表在设计的系统性方面与行为评等法很相似，但它不同于行为评等法对每一行为表现的精确量化，它是就某项工作的几个特定方面分别做出三种行为描述表示绩效的高、中、低三档，而没有明确的分值。

第五，行为观察评等法。行为观察评等法是行为评等法的另一种形式。行为观察评等法并非考核被考核者做某项工作的水平或优劣程度，而是观察被考核者做某项特定行为的频度，设定与频度相关的分值。例如，一名总机接线员在一月内与客户发生0次争执得10分，发生4次争执得2分。行为观察评等法的突出优点是直观、可靠，被考核者更易接受反馈、进行自我提高。

3. 工作成果考核法

工作成果考核法包括绩效目标考核法和指数考核法两种。

第一，绩效目标考核法。绩效目标考核与目标管理很相似，但绩效考核更有针对性。绩效目标通常是特定的、有时限的、有条件的、与组织目标完全一致的。绩效目标不仅有总目标，还有很多项分目标，在考核时每一项都按员工达到目标的程度独立考核，最后再加权平均。这种考核法的最大优点在于为员工的工作成果树立了明确的目标，能激励员工尽量向目标靠拢。绩效标准越细致，员工人事考核中的偏见和误差就越小。这种方法的缺点在于，需要较多的时间和精力去制定一套完整的人事考核标准。此外，绩效目标尽管可能成为激励员工努力工作的强大动力，但也可能导致员工之间产生不必要的激烈竞争，使内耗增加，整体绩效下降。

第二，指数考核法。指数考核法不同于绩效目标评估法之处在于绩效衡量的方式不同，指数考核法通过更客观的标准（如生产率、出勤率、流失率等）来考核绩效。

（四）薪酬管理

薪酬管理是为实现组织目标，发挥员工的积极性并促进其发展，将员工的薪酬与组织目标有机结合的一系列管理活动。一个合理的薪酬体系不但可以充分体现岗位和员工的价值，还可以起到良好的激励、督促作用，有助于企业更有效地实现战略目标。

一般情况下，薪酬管理有如下三种典型管理模式。

1. 高弹性模式

在高弹性模式中，员工薪酬的主要组成部分是依据员工在考核期内的业绩情况，即薪酬水平随员工考核期内绩效情况的好坏而发生相应变化。在这种模型下，绩效工资和奖金的比重较大，甚至基本工资中都拿出一部分与绩效工资挂钩，如生产工人的计件工资制、销售人员的销售收入到款提成工资制等，以这种考核制度作为计算依据的薪酬管理模式弹性大、激励性强。

2. 高稳定性模式

在高稳定性模式中，员工的薪酬主要取决于企业的经营状况以及员工职位职称的层次、岗位的复杂程度、岗位的责任大小以及工龄的长短等因素，与个人绩效关系不大。员工的个人经济收入相对稳定，薪酬主要体现在基本工资部分，绩效工资和奖金在整体薪酬中所占的比重较轻。这种模式虽有较强的稳定感、安全感，但严重缺乏激励作用，难以调动员工的工作积极性。

3. 折中模式

在折中模式中，企业既能不断激励员工提高业绩，发挥其工作积极性，实现多劳多得，又能给予员工一定的稳定性和安全感。特别是对于从事一些风险性、挑战性方面工作的员工能提供一些基本的安全薪酬保证，以激励该类员工毫无顾虑、积极努力工作，创造出优良的工作业绩。这是一种较为理想的薪酬管理模式。

三、人力资源管理的创新策略

互联网技术和移动终端设备等技术的广泛应用，使人力资源管理工作更加高效、准确、科学。企业必须结合新形势下的发展趋势，优化人力资源管理的构成，完善企业的各种生产要素，实现经济效益的最大化，进一步促进国民经济的可持续发展和建设。然而，企业的人力资源管理涵盖了企业发展的方方面面，具有牵一发而动全身的作用，新技术的不完善性、不确定性和过度使用也会使人力资源管理面临许多挑战，目前，企业人力资源管理还存在很多问题，因此企业需要关注大数据时代的发展趋势，审时度势，加快改革创新，更好地适应大数据时代的需求，提升企业的核心竞争力，为企业发展提供有效保障。

（一）合理规划人力资源结构

合理的人力资源结构是企业发展的重要基础。企业的人力资源管理部门应进行合理的预测，以更好地满足企业在动态环境下的人力资源需求，在相关规划体系中应强调人力资源规划的动态性，使员工能够在合适的岗位工作，发挥其真正的潜能，防止企业人力资源的流失。同时，在公司员工的发展方面，应努力确保员工的发展目标与公司的目标紧密相连，完善的培训和晋升计划使员工能够充分展示自己的价值，员工对公司的信任度就会提高，能够有效激励员工为公司发展贡献力量。

（二）不断优化人员配置

在人员配置方面，员工管理是人力资源要求中最主要的考虑因素。具体来看，企业人力资源管理部门要尽可能发挥每个工作人员的优势，实现合理安置岗位。在安置员工时，需要关注专业考查、工作成效研究、人格和道德品质的长期研究。此外，公司人事管理部门还必须建立一个良好的晋升、考核和调职制度，有效地为员工提供明确的指导，同时减少年龄、学历、资历等客观因素的影响，高效率实现动态监督和动态管理，使公司员工的价值最大化，有效促进公司的快速发展。

（三）提高招聘和培训效率

人力资源管理人员需要高度重视招聘和培训工作，提高招聘和培训效率。在员工培训的选择上，对人力资源培训师进行筛选，提高培训的有效性，更好地促进员工的知识和技能提升；在员工培训的形式上，为保证公司员工培训教育的合理质量，企业可以扩大员工的培训途径，例如选择与其他公司合作、邀请知名专家学者到公司给员工做学术讲座，帮助员工在短时间内提高自身专业技能；在培训内容的选择上，要尽可能贴近公司发展实际和岗位实际要求，以在最短的时间内获得最大的培训效果。因此，企业需要增强对人力资源管理的信心，不要过于担心人才的外流问题。只有企业自身发展和壮大，才能吸引更多全面合格的人才，为企业发展相应的投资行为和员工的能力素质打下良好的基础。

（四）完善激励机制

建立完善的激励机制可以提高员工的工作积极性和满意度。首先，在企业中全面贯彻“以人为本”的人文理念，为员工提供最真诚的关怀，营造良好的企业文化，充分利用好人力资源管理的作用；其次，坚持公平、公开的管理原则，在公司内部创造公平公正的竞争环境，有效激发员工对公司的忠诚度和信任度；最后，企业必须加强绩效考核制度与薪酬体系等方面的建设以提高员工在参与决策时的主动性、创造力以及工作热情。

第二节　财务管理及信息化建设

一、企业财务管理的实质内涵

财务管理并不只是财务数据的计算和累加，作为一个管理工具，财务管理贯穿于企业经营的诸多层面，是企业管理者制定并且实施企业发展战略的基础和依据。

一般认为，企业是投资者为获取收益而投资兴办的经济组织，企业的运作离不开资金，通过对投资者和债权人投入资金的运作，在一定的经济环境中开展一系列经济活动，与供应商、客户、员工、国家、金融机构、投资者等发生经济往来。通过资金的筹集、投放、耗费、收回、分配来连续不断地运动的过程，我们称之为企业的资金运动。那么，如何通过资金运动来更好地取得经济效益是企业财务最关心的。也就是说，企业财务管理的对象是企业的资金运动，只不过与会计关注企业资金运动量的规定性不同，企业财务管理更加关注企业资金运动的规定性。

财务管理作为企业管理的一部分，其管理的对象具有特殊性。如果说在企业管理实践中，生产管理的对象是生产活动、营销管理的对象是营销活动的话，那么，财务管理的对象就是企业的资金及其运动。这是因为财务管理主要是为企业理财，这就需要管理企业的资金，而不是管理企业的人事、生产、营销、科技开发、安全等其他事务。从财务管理实务工作来看，财务管理的融资、投资、利润分配、营运资金管理等也主要是管理企业各项资金的分布和流转情况，提出优化与改善的合理化建议。

总之，财务管理是一种价值管理，渗透和贯穿一切经营管理活动中，企业各种经营活动和管理活动都与财务管理有着密切关系。

二、财务管理信息化建设优化

随着大数据技术与信息化技术的飞速发展，为顺应时代的发展趋势，企业内外的生存环境发生了显著变化。传统的企业管理模式已逐渐被信息化管理模式所代替。信息化建设已经成为企业改革发展的主流，信息化的企业管理模式可以帮助企业打通各部门的壁垒，实现资源互通、信息共享，为企业长期稳定可持续发展保驾护航。而在企业管理中，财务管理又是十分重要的一项内容，财务信息化管理可以优化企业财务管理流程，改善企业内部控制体系，提高企业竞争力，减少财务人员的工作量，提高员工工作效率。因此，企业建设财务信息化管理体系是企业提升核心竞争力、创新发展的必要路径。

（一）搭建共享平台，统一数据标准

企业内各部门都有自己的平台系统，部门之间的数据难以统一格式与标准，在实际工作中难以实现实时信息共享，因此建设企业管理信息化平台首先需要在企业内统一数据标准，建立共享平台。各部门应统一数据标准，在初次生成单据的时候就采用标准化格式录入数据，避免重复审核、录入，为后续工作提供可直接使用的数据信息，提高工作效率。如企业员工需报销差旅费时，往往都需要经过申请人提出申请，由部门领导确认到主管或总监确认，再到财务部门进行审核，最终由总经理签字，环节众多且每一环节都是以上一环节的结果为依据，申请流程复杂且时间相对较长。若企业能使用统一标准的数据格式进行申请，申请人只需在系统上详细填写报销金额、出行方式、具体时间、是否有同行人员等报销详细信息，附带报销申请人的姓名、电话、收款人账号及开户行等具体信息，

利用财务信息化管理平台在各个审批环节使用信息共享审批模式，相关审核人员直接读取申请人录入的信息数据内容，不仅可以减少中间环节提高审核效率，还能大幅度降低企业财务管理的人力成本与时间成本。同时将申请人的申报内容进行共享与拓展，可以使财务审核更加便捷、数据更加准确，减少财务人员的重复性工作，减少因环节不同、业务不同、数据格式不同导致的错误。

（二）建立统一平台，加强网络安全保护

现阶段，我国企业财务信息化平台建设，已初步通过 OA 系统提供的技术接口，将企业各类应用系统有机地结合于一个平台上，根据员工需求变化的自动化平台，简化平台操作系统，形成多维度的开放性系统架构、完善对数据的收集整理、加工处理、存储输出的财务共享服务。另外，为确保网络环境中财务数据的安全性和可靠性，要定期维修与管理基础设备设施等硬件，定期维护与检查财务数据的存储和备份安全性、各个软件运行情况、基础信息的安全情况。还需严格划分财务人员各岗位的职责，分工明确并相互监督，防止一人多岗位监守自盗事件的发生。同时，当前企业的财务系统中包含了很多的个人安全信息，如个人身份证号码、银行卡号、开户行、电话号码、家庭住址等。因此，建设财务管理信息化平台时应结合财务信息系统的特点，制定相应的内部控制制度，增加必要的安全防护设置，加强防火墙设置并使用专业性较强的防火墙，能不公开的信息坚决不公开，对需要公开的信息采用设置特殊的账号和密码的方式进行登录，对重要的信息数据在存储时进行加密，进行授权访问设置，并每隔一段时间对财务系统进行安全测试，一旦发现安全漏洞，则及时采用系统升级维护等措施，保证财务系统的稳定性和财务信息的安全性。

（三）加强人才培养，完善考核体系

在大数据、信息化、人工智能化的计算机时代，人才是企业成败的决定因素，因此需要加强企业财务管理信息化建设。

首先，应通过招聘引进一支复合型人才队伍，在既精通会计业务知识的同时又有较强的计算机知识储备和操作水平，为企业财务管理工作注入鲜活力量。

其次，对于现有在岗企业财务人员，需针对性地定期培训财务人员的计算机技术与财务知识，提升其计算机操作水平、财务技能与信息化财务系统管理维护

意识，使财务部门财务人员的财务技能与计算机技术都能同步增强。

最后，有效的考核管理体系是企业财务信息化建设重要和必要条件，以用户要求、财务流程、业务流程、职员发展四个方面为考核方向，使考核内容尽可能地覆盖财务信息化管理的所有内容，努力实现企业财务管理扁平化、管理颗粒精细化、管理视角多维化、管理场景动态化和管理信息实时化。

综上所述，建设企业财务信息化管理是提高企业管理水平的重要手段，在建设过程中不断优化并解决财务信息化管理遇到的问题，建立共享平台、统一数据标准、加强网络安全保护、加强人才培养、完善考核体系，不断探索、创新财务信息化管理新路径，是企业实现财务信息化管理提升财务管理水平与服务效率的重要途径，是企业稳定持续经营与发展的基石。

第三节　物资管理与ERP应用

一、物资管理的相关界定

物资泛指生产上和生活上所需的物质资料，即生产资料和生活资料的总称。企业的物资是指用于企业生产，在生产过程中消耗的生产资料，包括原料、材料、燃料、辅助材料、工具和设备等。企业的生产过程通常也是各种物质的使用和消耗的过程。

企业的物资管理是指对企业生产经营活动所需的各种物资进行有计划的采购、储备、供应、保管、使用等一系列管理工作的总称。

物资是进行企业生产的重要物质条件，物资管理非常重要，管理工作的好坏直接影响企业的生产、技术、财务、劳动和运输等方面的经营活动和经济效益。加强物资管理工作，合理组织采购、储备、供应、保管和使用，对保证企业正常运行，提高企业产品质量，降低企业生产成本，提高企业经营效益都具有重要的意义。

（一）物资管理的任务

企业物资管理工作的基本任务是根据企业规定的生产经营任务，以提高经济效益为核心，做到供应好、周转快、消耗低、费用省，保证企业的生产有效、顺利地进行。具体任务如下。

（1）按企业生产经营所需要的品种、规格、数量、质量，及时、齐备地保证各类物资的供应，使生产经营活动不间断地进行。

（2）通过有效的组织形式和科学管理方法，控制物资合理库存量，减少和消除积压物资，加速物资和资金周转。

（3）创造合理利用物资的条件，监督和促进生产过程合理使用物资，降低物资消耗。

（4）节省采购、运输、仓储及其他物资管理费用的支出。

（5）遵守国家政策和法令，严格执行企业的物资管理制度。

（二）物资管理的内容

物资管理的主要内容包括以下几个方面。

（1）保质、保量、按时地为企业供应所需的各种物资，保证企业生产经营活动顺利进行。

（2）制定先进合理的物资消耗定额，实行集中下料和限额发料，搞好物资综合利用和修旧利废，督促物资使用部门努力降低物资消耗。

（3）确定合理的物资储备定额，妥善保管，减少存储损耗，加快资金周转。

（4）编制物资供应计划，做好各种物资的日常管理工作。

（5）节省采购、运输、仓储及其他物资管理费用的支出。

二、ERP在物资管理中的应用

目前，许多大型企业的生产效益和经济效益都没有达到理想水平，总体来看仍处于比较低的状态，这并不符合目前社会经济水平不断进步下对于企业发展的要求。在如今的社会环境下，各个企业在发展过程中都应重视内部物流管理工作的创新，积极学习新型的物流管理方法，创造出符合企业发展的物流管理工作模式，以此来提高企业效益，为企业的可持续发展提供保障。各个企业间的竞争相较于从前更为激烈，因此，企业必须及时了解目前物资管理工作中存在的问题，以及 ERP 系统在企业物资管理工作中的作用，然后根据企业物资管理工作的实际情况将 ERP 系统应用到企业物资管理工作当中。企业物资管理工作应用 ERP

系统，可以有效提高物资管理工作的科学性，帮助企业减少或者避免物资管理工作中存在的疏漏问题，使企业物资管理工作的各项数据更加真实可靠。依靠 ERP 系统，企业各部门可以实现资源共享，这对于企业经营管理工作水平的提升具有重要作用。

（一）物资管理中ERP系统的作用

目前，企业在进行成本核算工作时普遍缺乏规范性，而在企业物资管理工作中应用 ERP 系统不仅可以有效降低和避免企业生产过程各项资源的浪费，达到降低企业生产成本的目的，还能够使企业成本核算工作逐渐朝着规范化的方向发展。传统的企业材料成本核算工作中，相关工作人员基本上都是以物资的计划价格作为成本核算的依据，在这种成本核算方式下，工作人员的工作变得十分简单和方便，可是其中暴露出的问题也十分多。企业成本核算工作人员使用这种方式进行成本核算时，如果所选择材料的成本与市场价格具有较大的偏差，那么企业的采购标准将会失去其原有的价值。使用 ERP 系统对企业成本进行核算时，能有效避免计划价格核算方式所带来的材料成本管理工作的弊端。若企业物资管理工作运用ERP 系统，工作人员就可以及时了解企业所采购商品的市场价格变化情况，企业就能够根据相应的市场价格调整企业的物资价格，通过这种调整保持企业物资价格与市场价格的一致性。运用 ERP 系统，企业可以及时了解企业库存物资的价值以及材料的成本消耗，在进行物资采购时企业可以做到集中采购，从而获取物资批量采购的价格优势。企业信息的通畅流转必须依赖于企业的基础数据，但是如果运用传统的企业物资管理方式，企业当中的各种数据信息不仅数量庞大而且数据之间错综复杂，工作人员在对企业数据信息进行整合时就很难开展工作，因此也就无法保证企业数据信息的真实性和方便性。企业使用 ERP 系统进行物资管理，企业当中的各种数据信息是实时共享的，工作人员在获取自己所需要的信息时所耗费的时间将会被大大缩短，并且还能够准确捕获自己所需要的数据信息。企业当中对于物资有需求的单位可以及时将自己所需物资信息录入企业 ERP 系统，然后经过 ERP 系统统一单位编码以及物资编码的基础数据，实现企业物资的自动计划平衡。相比于传统的物资管理依靠人工录入企业的各项物资信息，ERP 系统可以独立自动完成企业物资订单录入、提交以及出入库等程序，依靠信息化的 ERP 系统能够减少人为因素所带来的企业物资盲目采购的问题，以此来提升企业物资信息的准确性。除了上述作用之外，ERP 系统还可以对企业物资信息进行审核和控制，因此，运用 ERP 系统可以提升企业物资采购的规范性，能够改善企业对于物资采购过程的控制情况。企业物资管理 ERP 系统能够有效结合企业内的计划管理、库存业务以及物资采购。当企业当中某一单位对于某类物资有需求时，必须经过 ERP 系统填报物资需求信息，在经历审批环节之后进行物资采购电子招投标工作；物资采购合同签订亦可以通过企业 ERP 系统完成。

（二）ERP系统在物资管理中的应用策略

1. 梳理业务需求，完善内控制度

企业传统的物资管理模式中在对物资进行采购时，一般是采用分散采购的管理模式，当运用 ERP 系统后，企业可以对所需要的物资进行集中采购管理。因此，企业应在其内部建立集团化供应链体系，在企业内安排专业人员组成集团供应链管理组织，然后按照业务需求的不同，相应地划分企业业务流程。企业在建立集团化供应链体系时，不仅要对企业的物资采购进行管理，还应一并管理企业物资库存以及物资财务等。企业运用 ERP 系统进行物资管理不仅可以对所需物资进行集中采购，还能够结合各单位的物资需求进行各自采购，这种相互结合的物资采购管理模式更有利于企业物资采购管理工作的不断完善。依靠 ERP 系统，企业不同单位之间可以加强信息沟通，企业总部能够及时掌握不同子单位物资情况，然后根据企业需要调配不同单位的物资。除此之外，企业还应该建立较为完善的内部控制制度，不同单位在办理物资业务时，必须持有 ERP 系统内的物资单据，这对于企业物资的充分利用具有较大的益处。

2. 进行统一编码，促进模块化管理

企业在进行生产供应链管理时主要是依靠 ERP系统作为管理平台，在使用 ERP 系统进行物资管理时必须确保其一致性和完整性。企业应对所有下属单位所持有的物资统一进行编码，对于原有的物资编码重新进行整理，及时去除原有编码中相互重复的部分。我们可以将不同单位物资的统一编码看作企业内的物资字典，便于企业所有单位及时查阅物资信息，充分利用企业内已有的物资。企业内

的所有物资信息应交由企业物资主管部门进行管理和维护，不同单位的物资信息发生变动时应在 ERP 系统内完成审批流程，这样可以有效避免各单位随意更改自己的物资信息。

3. 优化单据传递，提高业务效率

企业运用 ERP 系统进行单据传递时，一般是采取推拉式的单据设计，当不同单位提交了其物资需求之后，ERP 系统可以自动筛选所需物资的库存，然后生成物资提取单据，以供物资需求部门及时调配自己所需的物资。如果 ERP 系统中缺少单位需求的物资，那么系统会自动进一步生成该物资的采购计划，并且还会将企业需求物资采购计划与电子商务平台进行信息传递，以便在电子商务平台进行需求物资的招标采购，并且当电子商务平台中需求物资中标之后，还会将中标信息及时反馈给企业的 ERP 系统。当企业 ERP 系统接收到需求物资中标信息后，自动生成该物资的采购协议。企业仅需要提供物资需求信息，ERP 系统就能够自动完成接下来的物资采买等流程，这对于企业业务流转效率的提升具有重要作用。

4. 深入利用数据，多维度查询分析

企业 ERP 系统在对企业生产链供应进行管理时，主要是依靠系统的信息化技术对涉及的数据进行有效管理。企业管理层在了解企业运行真实情况后，可以更好地进行经营决策。企业传统管理工作中不同单位在出具报表时，很容易出现同一指标数据不一致的情况。而 ERP 系统可以对企业物料进行自定义分类，在处理企业物资采购以及销售时能够及时识别物资的具体属性。在这一过程中，企业 ERP 系统会对企业指标数据进行统一处理，可以有效避免多层人工操作所带来的失误，并且还能够有效提升数据采集速度。

5. 优化系统配置，提高系统的稳定性

企业 ERP 系统一般是采用 B/S 结构进行开发，这样可以及时满足企业不同单位的使用需要。无论是企业总部还是下设的不同单位均能够同时在线使用 ERP 系统，即使单位所处地域不同也能够流畅地使用 ERP 系统，并且即使企业长时间持续使用 ERP 系统也不会出现卡顿或效率降低的情况。在企业 ERP 系统使用过程中，其网络前端一般会做硬件防火墙处理，为了避免系统中的数据丢失，ERP 系统还设置了定期自动备份数据库信息的功能。企业 ERP 系统一般会使用两台小型机作为系统数据库服务器，这样可以有效避免单台机器故障引发系统故障而无法使用的情况。

综上所述，企业传统的物资管理工作方式并不利于现代化企业的发展，在一定程度上还降低了企业的生产效益和经济效益。在企业物资管理工作中使用 ERP 系统，不仅可以对企业内部生产链进行集中化管理，有效避免企业物资浪费以及管理不善引发的生产问题，还可以提升企业内部物资供应速度，提高企业生产效率，以此来提高企业效益并促进企业可持续发展。

第十章　企业生产运作与质量管理

第一节　生产过程的组织

生产过程的组织是指从空间和时间两方面对产品生产过程的各个环节做出合理安排。任何一种工业产品的生产，都要经历一定的生产过程，所以合理组织生产过程，使企业生产活动能够协调地、高效率地进行，是企业取得良好经济效益的前提条件，是企业生产管理的首要内容。

一、生产过程组织概述

（一）生产过程及其构成

1. 生产过程的含义

生产过程是指从产品生产准备开始，经过投料加工制造，直到把产品生产出来为止的全过程。[①]工业产品的生产过程是社会物质财富生产过程的组成部分，也是工业企业最基本的活动过程，亦即劳动者利用劳动手段作用于劳动对象，使其按预定的目的变成工业产品的过程。在实践中，工业产品的生产过程实际上是劳动过程与自然过程的结合，劳动过程占主导地位，自然过程是在劳动者控制管理下进行的。

生产过程有广义和狭义之分。广义的生产过程是指从准备生产该产品开始，直到把产品生产出来为止的全部过程。狭义的生产过程则是指从原材料投入生产开始，直到把产品生产出来为止的全部过程。就其狭义的概念而言，这一过程通常由工艺过程、质量控制与检验过程、运输过程、自然过程和等待间歇过程五个部分组成。

---

① 刘素军．现代企业管理 [M]. 青岛：中国海洋大学出版社，2019：99.

2. 企业生产过程的构成

一般来说，企业生产过程可划分为生产技术准备过程、基本生产过程、辅助生产过程和生产服务过程四个部分。由于专业化协作水平、技术条件以及企业生产的性质和特点的不同，生产过程的这些组成部分有很大差别，并且随着生产的发展也会发生变化。

（1）生产技术准备过程。这是指产品投入生产以前所进行的各种生产技术准备工作，如产品设计、工艺设计、工装设计和制造、标准化和定额工作以及产品试制与鉴定等。

（2）基本生产过程。这是指直接使劳动对象变为企业基本产品所进行的生产活动，即产品加工过程，如纺织企业的纺纱、织布，机械制造企业的铸造、加工、装配，钢铁企业的炼钢、轧钢等。基本生产过程是企业的主要活动，它代表企业的基本特征和专业化水平。

（3）辅助生产过程。这是指为保证基本生产过程的正常进行所必需的各种辅助性生产活动，如机械制造企业的动力生产、工具制造和设备维修等。

（4）生产服务过程。这是指为基本生产和辅助生产服务的各种生产性服务活动，如原材料、半成品、工具和各种辅助材料的供应、运输和仓库保管等。

企业生产过程的各个组成部分之间既相互区别，又紧密联系。其中，基本生产过程是最主要的组成部分，其他各部分都要围绕基本生产过程进行，为基本生产过程提供条件。

基本生产过程按工艺加工的性质划分，可以分为若干相互联系的工艺阶段。如机械制造企业的毛坯准备、机械加工和装配三个工艺阶段。每个工艺阶段又可按劳动分工和使用的设备、工具不同划分为不同的工序。

工序是指一个或一组工人在一个工作地上对同一个（或几个）劳动对象连续进行加工的生产活动。工作地是工人使用劳动工具对劳动对象进行生产活动的地点，它是由一定的场地面积、机电设备和辅助工具组成的。在工艺阶段中，一个或一批相同的劳动对象按顺序经过许多工作地，在每个工作地内连续进行的生产活动就是一道工序。如果劳动对象不移动，固定在工作地上，由不同的工人有序地对它进行加工，这时，每一个或一组工人在这个工作地上连续进行的生产活动，也是一道工序。

工序是组成生产过程的基本单位。按作用不同，工序通常可分为工艺工序、检验工序、运输工序等。工艺工序是指使劳动对象发生物理或化学变化的工序。工艺工序是基本生产过程的主要组成部分。检验工序是指对原材料、半成品或成品的质量进行检验的工序。运输工序是指在各工艺工序之间，工艺工序和检验工序之间运送劳动对象的工序。

（二）生产类型划分及其对生产管理的影响

生产类型是影响生产过程组织的主要因素。由于各个企业在生产结构、生产条件、生产规模和生产专业化协作程度等方面具有各自的特点，为了研究它们之间的共同特点，寻求生产组织的规律性，可将企业按一定标准划分成不同的生产类型。同一生产类型之间具有基本相同的特点和生产规律性，可选择适应其特点的生产组织形式和管理方法，以便从现代企业实际出发，合理组织生产，提高现代企业的管理水平。

根据产品生产的重复程度和工作地的专业化程度，可将工业企业生产划分为三种基本类型，即大量生产类型、成批生产类型和单件生产类型。

1. 大量生产类型

大量生产的特点是：产品品种少、产品数量大、生产条件稳定。由于生产的产品长期重复，大多数工作地只固定完成一两道工序，专业化程度高。大量生产的稳定性和重复性，可给生产管理带来一些有利的影响。由于分工精细，工作地的专业化程度高，企业可购置高效率的专用设备和工装，采用流水线、自动化生产线等高效的生产组织形式，还可使工人操作简化，有利于推行标准化操作方法，提高工效；由于产品品种及数量稳定，原材料、毛坯变化小，易与供应厂家和外协厂家建立长期、稳定的协作关系，供货质量、数量和交货期容易得到保证，有利于提高和稳定产品质量；计划、调度工作简单。

大量生产的产品一般属于社会需求量大、用途广和通用性强的产品，如汽车、农机等。

2. 成批生产类型

成批生产的特点是：生产的产品产量比大量生产少，产品品种较多，各种产品在计划期内成批轮番地生产，生产具有一定的稳定性和重复性。大多数工作地要承担较多的工序，其专业化程度比大量生产要低。成批生产按其批量大小和工作地承担的工序数目多少，又可分为大批生产、中批生产和小批生产三种。

与大量生产相比，成批生产的产品产量较低，品种较多，不可能采用较多的自动化、半自动化的设备和各种专用设备，因此机械化、自动化程度不如大量生产那样高，而且对工人的技术要求较高，以适应多品种和周期性生产变动的需要。由于成批生产具有一定的稳定性和重复性，因此有条件编制较为详细的工艺规程，制定各种生产指示图表作为编制生产作业计划的依据，组织不同专业化程度的专业化车间和工段。属于成批生产的产品一般有机床、中小型电机、柴油机等。

3. 单件生产类型

单件生产的特点是：产品品种繁多，产量极少，通常只生产一件或少数几件；多属一次性生产的产品，不再重复，即使重复也无固定的重复期；生产的稳定性差，大多数工作要负担很多道工序，工作的专业化程度较低。

由于产量少，品种多变，单件生产一般不具备采用专用设备和专用工装的条件，多采用应变能力强且适用于多品种生产的通用设备。只有在极特殊的情况下，才采用少量专用设备和专用工装。因此，单件生产的机械化、自动化水平低下，手工操作的比重大，单位产品的劳动消耗增加，产品生产周期较长。而且，要求工人具有较高的技术水平，掌握范围较广的操作技能，以适应单件生产产品多变的特点。

二、生产过程的空间组织

生产过程是在一定的空间，通过许多相互联系的生产单位实现的。所以，必须根据企业生产的需要进行总体规划和工厂设计，开辟一定的场所，建立相应的生产单位（车间、工段、小组）和其他设施，并在各生产单位配备相应工种的工人和机器设备，采取一定的生产专业化形式，以便完成所担负的生产任务。生产过程的空间组织，就是根据生产需要和经济合理的原则，研究生产单位的设置以及各生产单位及其设施在空间上的布局，使整个生产过程在空间上形成一个既相互分工又协调一致的有机整体。

（一）生产单位专业化的原则和形式

生产单位专业化的原则和形式，决定着企业内部的生产分工和协作，决定着工艺过程的流向及原材料、在制品在厂内的运输线路和运量，它是生产过程空间组织的一个重要问题。生产单位专业化的原则，主要有工艺专业化原则和对象专业化原则，相应地存在着两种专业化形式。

1. 工艺专业化形式

工艺专业化形式是指按照生产工艺性质的不同来设置生产单位。在工艺专业化的生产单位里，集中着相同类型的工艺设备和同一工种的工人，对企业生产的各种产品进行相同工艺方法的加工。每一生产单位只完成企业产品生产过程的部分工艺阶段或部分工艺工序。例如，机械制造企业中的机械加工车间，把所有机床集中起来，组成车削工段或小组，担负各种产品的车削加工任务。

工艺专业化形式的优点是：对品种的变换具有较好的适应性；有利于充分利用生产设备和工人的工作时间；便于进行工艺管理，有利于同类技术的交流和协作，有利于提高工人的技术水平。其缺点是：由于产品要经过许多生产单位的加工才能完成，所以产品的交叉运输和往返运输多、运输路线长，在制品等待停放时间长、生存周期延长，流动资金占用量大，而且生产单位之间生产联系频繁，管理复杂。

2. 对象专业化形式

对象专业化形式是以产品（零件、部件）为对象设置生产单位。在对象专业化的生产单位里，集中着为制造某种产品所需要的各种设备和不同工种的工人，对同种产品进行不同工艺方法的加工。每一个生产单位基本上能独立地完成该种产品的全部或大部分工序，所以这类生产单位又称为封闭式的生产单位，如汽车制造厂的发动机分厂、变速箱分厂等。

对象专业化形式的优点是：产品在生产过程中的停放、等待时间短，运输线路短，可缩短生产周期，减少在制品和流动资金的占用量；便于采用先进的生产组织形式，加强生产管理。其缺点是：工人和设备的利用效率低；生产单位内部工艺技术复杂，不便于进行工艺技术指导和管理；适应产品品种变化的能力差。

上述两种组织生产单位的基本形式，各有其优缺点，各适用于不同的条件。企业在组织和调整生产单位时，要认真分析企业的实际情况，根据客观条件选择和应用。

（二）工厂总平面布置的原则和方法

1. 工厂总平面布置的基本原则

工厂总平面布置是生产过程空间组织的主要内容，其目的在于保证企业获得较高的生产率和最好的经济效益，保证职工的安全、健康和良好的工作环境，实现文明生产。因此，工厂总平面布置应遵循以下基本原则。

（1）工厂的生产厂房、设施和其他建筑物的布置，应满足生产过程的要求，使物料运输路线尽可能短，减少交叉和往返运输，以缩短生产周期，节约运输费用。

（2）生产上联系密切的车间应靠近布置，相互衔接。例如，辅助生产车间、生产服务部门应布置在其主要服务车间附近，以保证最短的运输距离和联系工作的方便。

（3）要注意安全防护和“三废”处理，贯彻《中华人民共和国环境保护法》和《中华人民共和国消防法》，符合安全技术规定。

（4）节约用地，并考虑生产发展的需要。要充分利用场地，布置应紧凑，提高建筑系数，节约投资和生产费用。同时，要考虑企业生产长远发展的需要，即要考虑企业扩散、改建对厂区面积需要的可能性。

（5）厂区平面布置应当和周围环境相协调，考虑企业环境的美化和绿化，使工厂布置得整齐、美观，为职工创造一个良好的工作环境。

2. 工厂总平面布置的主要方法

根据以上要求，工厂总平面布置可采用以下几种基本方法。

（1）物料流向图法。物料流向图法是按照原材料、在制品以及其他物资在生产过程中的总流动方向来布置工厂的各个车间、仓库和其他设施，并且绘制物料流向图，加以调整和改进的方法。

（2）物料运量图法。物料运量图法是根据各车间（仓库、站场）的物料运量大小来进行工厂总平面布置的方法。相互间运量大的车间应靠近布置；反之，则可布置得远些。为了清楚地表明各车间之间的运量，可以填制物料运量表。

（3）作业相关图法。作业相关图法是通过图解，判明工厂各组成部分之间的关系，然后根据各部门之间关系的密切程度逐个地布置每一个部门，再通过几个方案的比较，得出最佳布置方案。

（三）车间设备布置的原则和方法

车间设备布置主要是指车间中基本工段的设备的平面布置。

1. 车间设备布置的原则

（1）尽量按工艺顺序布置设备，使生产对象在加工过程中运输线路最短，尽量减少交叉和往返运输。

（2）注意运输方便，充分发挥运输工具的作用。

（3）合理布置工作场地，保证生产安全，尽可能为工人创造良好的工作环境。

（4）尽量为工人实行多设备看管创造条件。

（5）要合理地利用生产面积。

（6）要注意维护设备精度，照顾设备工作条件。例如，精度要求较高的设备应布置在光线充足和受振动影响最小的地方。

2. 车间设备布置的方法

（1）样板或模型布置法。这种布置方法就是把某车间的各组成部分或所布置的设备、通道等，按照它们必须占用的面积，依照平面图形与车间平面的同一比例（如1:100，1:200等）在车间平面图上进行布置，直到安全、满意为止。这种样板或模型可以灵活移动，便于对多个布置方案进行比较。其缺点是不能反映各设备之间复杂的数量关系。

（2）物料运量比较法。这种方法又称从至表法，是对各机器设备间物料运输路线和运输量进行比较来合理布置设备的一种方法。

三、生产过程的时间组织

合理组织生产过程，不仅要求企业各生产单位在空间上合理配置、密切配合，而且要求劳动对象在各生产单位、各工作地之间的运动在时间上也相互配合和衔接，最大限度地提高生产过程的连续性和均衡性，以提高劳动生产率和设备利用率，缩短产品生产周期，加速资金周转，降低产品成本。工业产品生产过程的时间组织，包括的内容很多，涉及范围广，它与生产计划的安排、日常生产调度工作等有密切关系。在此主要研究劳动对象在各工序间的移动方式，即在制品从一个工作地到另一个工作地的运送方式。

在制品在工序间的移动方式与加工的在制品数量有关。如果加工的在制品是一件，那就只能在上一道工序完成后，再送到下一个工作地进行下一道工序的加工。如果同时制造的不是一件而是一批在制品，则在制品在工序间的移动方式就有以下三种。

（一）顺序移动方式

一批在制品在上道工序全部加工完毕后才整批地转移到下道工序继续加工，这就是顺序移动方式。采用顺序移动方式时，一批在制品的加工周期$T_{顺}$为

$$T_{顺} = n\sum_{i=1}^{m} t_i$$

式中，n代表在制品加工批量；t_i代表第i工序的单件工序时间；m代表在制品加工的工序数。

（二）平行移动方式

每件在制品在上道工序加工完毕后，立即转移到下道工序去继续加工，形成前后工序交叉作业，这就是平行移动方式。采用平行移动方式时，一批在制品的加工周期$T_{平}$为

$$T_{平} = n\sum_{i=1}^{m} t_i + (-1)t_i$$

式中，t_i代表最长的单件工序时间，其余符号意义同前。

（三）平行顺序移动方式

采用顺序移动方式时，在制品运输次数少、设备利用充分、管理简单，但加工周期长；平行移动方式虽能缩短加工周期，但运输频繁，设备空闲时间多而零碎、不便利用。为了综合两者的优点，可采用平行顺序移动方式。平行顺序移动方式要求每道工序连续进行加工，但又要求各道工序尽可能平行地加工。具体做法是：

（1）当$t_i > t_{i+1}$时，零件按平行移动方式转移。

（2）当$t_i \leqslant t_{i+1}$时，以i工序最后一个在制品的完工时间为基准，往前推移（$n-1$）×t_{i+1}，作为零件在（$i+1$）工序的开始加工时间。采用平行顺序移动方式，一批在制品的加工周期$T_{平顺}$为

$$T_{平顺} = n\sum_{i=1}^{m} - (n-1)\sum_{i=1}^{m-1}(t_i, t_{i+1})$$

在实际生产中，选择在制品的移动方式需要考虑在制品的尺寸大小、在制品加工时间长短、批量大小以及生产单位专业化的形式。三种移动方式各有优缺点，在选择采用哪种移动方式时应权衡利弊，结合具体条件来考虑。它们之间的比较如表10-1所示。①

表10-1　在制品三种移动方式的比较

比较项目	平行移动	平行顺序移动	顺序移动
生产周期	短	中	长
运输次数	多	中	少
设备利用	差	好	好
组织管理	中	复杂	简单

一般而言，批量小，宜采用顺序移动方式；批量大，宜采用平行顺序移动方式或平行移动方式；在制品大宜采用平行移动方式，在制品小则采用顺序移动或平行顺序移动；零件加工时间短，可采用顺序移动方式；车间按工艺原则组成，宜采用顺序移动方式；而按对象原则组成车间，可采用平行顺序移动方式或平行移动方式。

生产系统的设计和组织，应用科学的方法和手段对企业的各组成部分、各种生产要素进行合理的配置和布置，使之形成有机系统，以最经济的方式和较高的效率为企业的生产经营管理服务。

---

① 刘素军．现代企业管理[M]．青岛：中国海洋大学出版社，2019：107.

第二节　生产计划及其控制

生产作业计划是生产计划的具体执行计划。它是把企业的全年生产任务，具体地分配到各车间、工段、班组以至每个工作地和个人，规定他们在每月、每旬、每周、每日以至每个轮班和小时内的具体生产任务，合理地组织和有效地指导企业日常的生产活动。编制生产作业计划，对于协调企业各个部门、各个生产环节的活动，均衡地完成生产计划指标和订货合同，以及提高生产的经济效益和企业管理工作的水平，都具有重要作用。

一、生产计划的编制步骤

生产计划的编制大致可以归纳为以下几个步骤。

（一）调查研究，收集资料

制订生产计划之前，要对企业经营环境进行调查研究，充分收集各方面的信息资料，其主要内容包括：国内外市场信息资料、预测，上期产品销售量，上期合同执行情况及成品库存量，上期计划的完成情况，企业的生产能力，原材料及能源供应情况，品种定额资料，成本与售价。

（二）确定生产计划指标，进行综合平衡

确定生产计划指标是制订生产计划的中心内容，包括产值指标的选优和确定，产品出产进度的合理安排，各个产品的合理搭配生产，将企业的生产指标分解为各个分厂、车间的生产指标等工作，这些工作实际上是同时进行的。

综合平衡是制订生产计划的重要工作环节，其内容包括两个方面：一是以利润计划目标为依据进行平衡，确保生产计划与企业经济效益要求相匹配；二是围绕生产计划指标，统筹协调生产能力及其他资源投入，实现生产任务与资源供给之间的动态平衡。

（三）安排产品出产进度

生产计划指标确定后，需进一步将全年的总产量指标按品种、规格和数量安排到各季、月中去，制订出产品出产进度计划，以便合理分配并指导企业的生产活动。

二、生产作业控制

生产作业控制是生产管理的重要职能，是实现生产计划和生产作业计划的重要手段。虽然生产计划和生产作业计划已对日常生活活动做了比较周密而具体的安排，但随着时间的推移，市场需求往往会发生变化。此外，各种生产准备工作不周全或生产现场偶然因素的影响，也会使计划与实际之间产生差距。因此，必须监督和检查，一旦发现偏差，及时进行调节和校正工作，这就是生产作业控制工作。

生产作业控制的主要内容包括：生产作业准备控制、生产进度控制、在制品控制和生产调度。生产作业控制的工作程序，大致可以分为以下三步：①确定生产作业控制标准，即确定生产计划、生产作业计划及其依据的各种期量标准；②检测执行结果并与标准进行比较；③采取纠正偏差的措施。

（一）生产作业准备控制

生产作业准备控制即根据生产计划和生产作业计划的要求，编制出生产准备计划，并按照计划安排的时间，把各种生产要素包括各种信息、设备、工具、材料、人员等准备好，使之按标准状态进入生产流程，以保证生产计划的实现。生产作业准备的内容主要包括技术文件、设备和工装、劳动力、物资及运输以及工作地服务条件等方面的准备。

（二）生产进度控制

生产进度控制一般包括投入进度控制、工序进度控制和出产进度控制。

投入进度控制是指控制产品（或零部件）开始投入的日期、品种和数量，严格按照计划要求进行，也包括原材料、毛坯和零部件投入提前期以及设备、人力、技术措施项目等投入使用日期的控制。

工序进度控制是指对产品（或零部件）在生产过程中经过的每道加工工序的进度所进行的控制。

出产进度控制的目的在于准时出产，即在需要的时间，按需要的品种生产需要的数量，各种零部件既不延期出产，以免影响产品的总装工作，也不提前出产，以免造成在制品过多积压，导致生产费用上升。

（三）在制品控制

在制品控制是对生产过程中各个环节的在制品占用量进行控制。在制品控制，可以分为车间内部各工序之间在制品占用量控制、跨车间协作工序的在制品占用量控制等。

有效地控制在制品占用量，不仅对实现生产作业计划有重要作用，而且对减少在制品积压、节约流动资金也有重要意义。

（四）生产调度

生产调度是生产作业控制的中心。在生产控制系统中，生产调度起控制器的作用。它通过对信息的测量、比较，使目标差减小，从而逐步逼近目标。每一个企业都应在生产负责人的领导下，建立、健全一个从上到下、全场统一的生产调度指挥系统。

企业的生产调度组织机构应与作业管理体制相一致，一般采取三级管理，即厂部、车间和工段。为了使生产调度更好地执行生产控制的中心职能，调度部门与一般职能部门应有所不同。它不仅是一个参谋机构，还是一个在行政领导授权下，有权发布生产命令的指挥机构。它可以代表一级行政领导向下级下达命令，下级必须服从上级调度。同时，生产调度工作必须严格遵循统一命令的原则，一切调度命令都应由调度机构统一下达，不能令出多门，也不能越级下达命令。做好生产调度工作，除了贯彻统一性原则外，还要遵循计划性、预见性、时效性和灵活性等要求。

第三节　全面质量管理的实施

全面质量管理是指企业所有部门和全体职工，以提高质量为核心，通过管理技术和现代科学技术，通过建立一套科学的、严密的、高效的质量保证体系，来控制影响质量的各项因素，并以优质的工作质量来研发、生产、销售令用户满意的产品而进行的系统活动。它是以用户需要为依据，以用户满意为标准，以提高经济效益为最终目的，以先进的技术为基础，以科学的管理为手段的综合质量管理活动。

全面质量管理的基本内容包括：设计过程、生产制造过程、辅助生产过程、使用过程四个方面的质量管理。

一、设计过程的质量管理

设计过程包括市场调研、试验研究、产品设计、工艺设计、新产品试制和鉴定等产品正式投入批量生产之前的全部技术准备过程。

产品的设计和试制过程是产品质量形成的第一道关口。设计过程的质量管理是全面质量管理的起点和关键。产品质量符合使用要求的程度，主要取决于设计过程。加强设计过程的质量管理，一般要做好以下几个方面的工作。

（一）制定产品质量目标

质量目标是根据产品质量，要求企业在一定期间内在质量方面所要达到的预期成果。质量目标的制定，首先要对产品的使用要求和生产实际情况做充分的调查研究，同时还要掌握国内外科学技术的发展趋向，系统地调查和积累有关情报资料，如顾客的反映和使用效果，生产过程中发现的质量问题以及国内外有关技术与经济情报等。

（二）加强设计工作中的试验研究工作

试验研究工作是设计过程质量管理中的重要环节。做好试验研究工作，可以保证产品顺利投产。

（三）设计评审

设计评审是保证产品设计质量的主要手段之一，目的在于及早发现并设法弥补设计上的缺陷，以避免给以后的生产和销售带来损害。评审的要点主要包括方案设计阶段、技术设计阶段、工作图设计阶段三个方面的内容。

（1）方案设计阶段主要评审质量目标是否符合顾客和企业发展的要求，技术上是否先进可行，经济上是否有利。

（2）技术设计阶段主要评审原理结构是否先进合理，其质量性能、可靠性、安全性、经济性是否符合方案设计阶段所规定的质量目标的要求。

（3）工作图设计阶段主要评审其可生产性、质量特性和缺陷的分级是否在图上标注清楚。

（四）检查产品试制、鉴定质量

研究的新产品或改制的老产品，在完成设计后都必须通过试制、试验和鉴定，方可正式批量生产。试制是对设计的验证，只有通过试制，做出样品、样机，并经过试验和使用验证，才能确定设计的正确程度，以及发现设计中意想不到的问题和缺陷，以便对设计进行必要的修正和校正。样品试制完成后，要组织有关单位和人员进行严格的鉴定。通过鉴定，对样品从技术上和经济上做出全面评价，并形成各项技术文件，使它成为指导制造过程并在制造过程中保证产品质量的依据。

（五）保证技术文件的质量

技术文件是设计的成果，它既是生产制造过程技术活动的依据，也是质量管理的依据，这就要求技术文件本身也有质量保证。

（六）组织新产品设计质量的技术经济分析

一般来说，产品质量提高，销售额将会增加，但产品质量无限地提高，就会使价格提高，销售额反而会下降；质量低的产品，固然在价格上可以便宜一些，但质量下降到一定程度，用户根本不会购买，也就谈不上销售额，就会影响企业的经济效益和声誉。

设计上考虑得周到与否，会影响产品制造的难易。在质量水平方面，因为生产过程变动或革新而使产品质量大大提高，特别是生产技术上的进步，还会使生产成本下降。由此可见，设计过程又直接影响到制造过程中生产技术水平、管理水平的提高，而生产技术和管理水平的提高，对提高产品质量、增加盈利又起到较大的促进作用。

二、生产制造过程的质量管理

制造过程的质量管理是质量管理的中心环节。经过鉴定符合质量标准的新产品正式投产后，能不能达到质量标准，在很大程度上取决于生产制造过程的质量管理水平和生产车间的技术能力。生产制造过程的质量管理重点是抓好以下几个方面的工作。

（一）有效控制影响制造质量的因素

在制造过程中，影响产品质量的因素很多，主要有操作者、机器工具、原材料、工艺方法、测量手段及生产环境。要对这些因素进行有效控制，使之能长期稳定地生产符合设计要求的优质产品。

（二）健全质量检验制度

质量检验是用一定检验测试或检查方法，测定产品质量特性，并把它同规定的质量标准作比较，对产品是否合格作出判断。

其具体工作主要有：①要正确规定技术检验范围和设置专职检验点，凡是对质量产生重要影响的环节、部门都应进行必要的检验；②要合理选择检验方式，不同的检验方法反映了不同的检验精度要求。合理的检验方法不仅可以准确地反映产品质量的情况，而且可以减少检验费用，缩短检验周期；③要建立有效的检验机制和专群结合的检验队伍，实行自检、互检、专检。

（三）掌握质量动态

为了充分发挥生产过程质量管理的预防作用，必须系统地、经常地、准确地掌握企业在一定时间内产品质量或工作质量的现状及发展动态。质量状况的综合统计与分析是掌握质量动态的有效工具。

（四）加强不合格品的统计与分析

分析不合格品产生的原因，采取措施，对症下药，避免再次出现不合格品。企业除进行日常不合格品统计与分析工作以外，还要做到：①不合格品没有找到责任人和原因“不放过”；②没有提出防患措施“不放过”；③当事人没有受到教育“不放过”。

三、辅助生产过程的质量管理

辅助过程包括工装制造、设备维修等；服务过程包括物资供应，材料、半成品与成品的运输与保管等。

（一）物资供应

原材料和外购件构成产品实体，其质量好坏直接影响产品质量。为保证质量，要对供货单位的质量管理方法、产品质量状况等进行审查，确认合格后再签订供货合同。

（二）运输、保管

原材料、半成品、在制品等在工序间、车间之间运输时，应防止损伤；高精度零件或贵重零件应装在容器内运输。对上述物品应妥善保管，避免因生锈、碰伤而使质量下降。

（三）设备维修

设备质量的好坏，直接影响产品质量，要在设备出厂验收、安装、使用、维护保养、定期检查等方面做好工作，使设备经常处于良好状态。

所有这些都是为了生产第一线服务的，为之提供质量良好的物质技术条件。因此，这一过程的质量管理要面向生产、面向基层，充分发挥各自的质量保证作用。这些部门的工作质量会影响制造过程，因此在质量保证体系中，辅助生产过程中的质量管理占有相当重要的地位。

四、使用过程的质量管理

使用过程的质量管理既是质量管理的归宿，又是质量管理的出发点。因此，企业的质量工作必须从生产过程延伸到使用过程。使用过程的质量管理主要是建立好完整的服务体系，开展对用户的技术服务工作，做好产品质量信息的反馈分析工作，认真处理用户投诉。

第四节　质量管理的常用工具

一、调查表

调查表也称为查检表、核对表等，它是用来系统地收集和整理质量原始数据、确认事实并对质量数据进行粗略整理和分析的统计图表。[①]因产品对象、工艺特点、调查和分析目的不同，其调查表的表式也有不同。常用的调查表有不合格品项目调查表、不合格原因调查表、废品分类统计表、产品故障调查表、工序质量调查表、产品缺陷调查表等。

调查表的应用程序如下。

（1）明确收集资料的目的。

（2）确定为达到目的所需收集的资料（这里强调问题）。

（3）确定对资料的分析方法（如运用哪种统计方法）和负责人。

（4）根据调查目的不同，设计用于记录资料的调查表格式，其内容应包括调查者及调查的时间、地点、方式等。

（5）对收集和记录的部分资料进行预先检查，目的是审查表格设计的合理性。

（6）如有必要，应评审和修改调查表的格式。

二、排列图

排列图（pareto diagram）又叫帕累托图，是在帕累托原理的基础上制成的图表。所谓帕累托原理，是指意大利经济学家帕累托在分析意大利社会财富分布状况时得到的“关键的少数和次要的多数”的结论。

应用这一原理，就意味着在质量改进的项目中，少数项目往往产生主要的、决定性的影响。通过区分最重要和最次要的项目，就可以用最少的努力获得最大的改进。

在工厂里，要解决的问题很多，但往往不知从哪里着手。事实，只要能找出几个影响较大的原因，并加以处置和控制，就可以解决80%以上的问题。

排列图是根据整理的数据，以不良原因、不良状况发生的现象，有系统地加以（层别）分类，计算出各项目分别所产生的数据（如不良率、损失金额）以及所占的比例，再依照大小顺序排列，并加上累积值的图形。

排列图的应用程序如下。

（1）选择要进行质量分析的项目，即将要处置的事，以状况（现象）或原

① 蔡世刚．企业管理 [M]. 西安：西安交通大学出版社，2016：126.

因加以区别。

（2）选择用于质量分析的量度单位，如出现的次数（频数）、成本、金额或其他量度单位。

（3）选择进行质量分析的数据的时间间隔。

（4）画横坐标。按项目频数递减的顺序从左至右在横坐标上列出项目。

（5）画纵坐标。在横坐标的两端画两个纵坐标，左边的纵坐标按量度单位规定，其高度必须与所有项目的量值相等。右边的纵坐标应与左边的纵坐标等高，并从0%至100%进行标定。

（6）在每个项目上画长方形，其高度表示该项目量度单位的量值，长方形显示出每个项目的作用大小。

（7）由左到右累加每一项目的比值（以%表示），并画出累计频数曲线（帕累托曲线），用来表示各项目的累计作用。

（8）利用排列图确定对质量改进最为重要的项目。

三、因果图

因果图（cause-and-effect-diagram）又叫石川图、特性要因图、树枝图、鱼骨图，表示质量特性波动与其潜在原因关系，即以图来表达结果（特性）与原因（要因）之间的关系。因果图如能做得完整的话，可以容易找出问题之症结，采取相应的对策措施，解决质量问题。

（一）因果图的应用程序

（1）简明扼要地规定结果，即规定需要解决的质量问题。

（2）规定可能发生的原因的主要类别。这时要考虑的类别因素主要有人员、机器设备、材料、方法、测量和环境（5M1E）等。

（3）开始画图，把“结果”画在右边的矩形框中，然后把各类主要原因放在它的左边，作为“结果”框的输入。

（4）寻找所有下一个层次的原因，画在相应的主（因）枝上，并继续一层层地展开下去。一张完整的因果图展开的层次至少应有2层，许多情况下还可以有3层、4层或更多层。

（5）从最高层次（最末一层）的原因（末端因素）中选取和识别少量（一

般为3～5个）看起来对结果有最大影响的原因（一般称重要因素，简称要因），并对它们作进一步的研究，如收集资料、论证、试验、控制等。

（二）画因果图的注意事项

（1）画因果图时必须充分发扬民主，畅所欲言，各抒己见，集思广益，把每个人的意见都一一记录在图上。

（2）确定要分析的主要质量问题（特性）。不能笼统，或在一张因果图上分析若干个主要质量问题，即一个主要质量问题只能画一张因果图，多个主要质量问题则应画多张因果图。所以，因果图是只能用于单一目的的研究分析工具。

（3）因果关系要层次分明，最高层次关系的原因就寻求到可以直接采取具体措施为止。

（4）"要因"一定要确定在末端因素上，而不能确定在中间过程上。

（5）对末端因素应进行论证，谁通过的"要因"一定要在对策表上反映出来。

四、直方图

直方图又称柱状图，可将杂乱无章的资料，解析出其规律性。借助直方图，对于资料中心值或分布状况可一目了然。

（一）绘制步骤

（1）收集数据，并记录在纸上。统计表上的资料很多，都要一一记录下来，其总数以"N"表示。

（2）确定数据的极差。找出最大值（L）及最小值（S），并计算极差（R）。R＝L–S

（3）定组数。数据为50～100时，选5～10组；数据为100～250时，选7～12组；数据为250以上时，选10～20组；一般情况下选用10组。

（4）定组距（C）。C＝R÷组数

（5）定组界。

最小一组的下组界测量值的最小位数（一般是1或0.1）×0.5

最小一组的上组界＝最小一组的下组界+组距。

第二组的下组界＝最小的上组界，依此类推。

（6）决定组的中心点。

（上组界＋下组界）÷2＝组的中心点

（7）制作次数分布表。依照数值大小记入各组的组界内，然后计算各组出现的次数。

（8）制作直方图。横轴表示测量值的变化，纵轴表示测量次数。将各组的组界标示在横轴上，各组的次数多少，则用柱形画在各组距上。

（二）直方图的分布

正常生产条件下计量的质量特性值的分布大多为正态分布，从中获得数据的直方图为中间高，两边低，左右基本对称的正态型直方图。但在实际问题中还会出现另一些形状的直方图，分析出现这些图形的原因，便于采取对策，改进质量。

（1）正态型。这是生产正常情况下常常呈现的图形。

（2）偏态型。这里有两种常见的形状，一种是峰值在左边，而右边的尾巴较长；另一种是峰值在右边，而左边的尾巴较长。造成这种形状的原因是多方面的，有时是剔除了不合格品后作的图形，也有的是质量特性值的单侧控制造成的，比如加工孔的时候习惯于孔径“宁小勿大”，而加工轴的时候习惯于“宁大勿小”等。

（3）双峰型。这种情况的出现往往是将两批不同原材料生产的产品混在一起，或将两个不同操作水平的工人生产的产品混在一起等造成的。

（4）孤岛型。这种图形往往表示出现某种异常，比如原材料发生了某种变化，生产过程发生了某种变化，有不熟练的工人替班等。

（5）平顶型。这种情况往往是由于生产过程中有某种缓慢变化的因素，比如刀具的磨损等。

（6）锯齿型。这个图形的出现可能是由于测量方法不当，或者是量具的精度较差，也可能是分组不当。

当观察到的直方图不是正态型的形状时，需要及时加以研究，比如出现平顶型时可以检查一下有无缓慢变化的因素，又如出现孤岛型时可以检查一下原材料有无变化等，这样便于及时发现问题，采取措施，改进质量。

五、散布图

在质量管理活动中，经常需要绘制散布图。将具有相关关系的两个变量的对应观察值作为平面直角坐标系中点的坐标，并把这些点描绘在平面上，于是就能得到具有相关关系的分布图，通常称这种反映两个变量之间关系的图为散布图，或相关图。

（一）散布图绘制

在做散布图时，一般以坐标横轴表示原因X，坐标纵轴表示结果Y。如果所研究的是两种原因或两种结果之间的相互关系，那么在做散布图时，对坐标轴可以不加区别。此外，应当使数据X的极差在坐标上的距离，大致等于数据Y的极差在坐标轴上的距离。

（二）散布图类型

根据两个变量X、Y之间的不同关系所绘制成的散布图形状有多种多样，但归纳起来，主要有下面几种形式：

（1）当变量X增大时，变量Y随之显著地增大。X与Y之间的这种关系称为强正相关。

（2）当变量X增大时，变量Y也随之增大，但不明显。X与Y之间的这种关系称为弱正相关。

（3）当变量X增大时，变量Y先随之增大，当增大到某个界限值之后，Y又随之减小。X与Y之间的这种关系称为曲线相关。

（4）当变量X增大时，变量Y随之减小，但不明显。X与Y之间的这种关系称为弱负相关。

（5）当变量X增大时，看不出变量Y随之增大还是随之减小的任何趋势。对于这种情况，就称X与Y之间不存在相关关系。

（6）当变量X增大时，变量Y随之显著地减小。X 与Y之间的这种关系称为强负相关。

在研究散布图的类型时，还需注意以下几种情况：①观察是否存在异常点，即明显偏离整体分布的点。如发现异常点，应深入分析其产生原因。若可明确归因于异常条件或测量错误，则应予以剔除；对于无法确定原因的异常点，需谨慎处理。②考虑是否需要进行分层分析。当数据受两种或多种不同因素影响时，可能会出现以下情况：整体来看变量间似乎不存在相关关系，但分层观察后却呈现出相关趋势；反之，整体上呈现的相关关系在分层后可能消失。因此，在绘制散布图时，应区分不同条件或来源的数据，并采用不同标记或颜色清晰表示各层数据。③警惕“假相关”现象。在质量管理中，偶尔会出现两个变量在技术上并无实际关联，但其对应数据在散布图中却显示出明显相关性的情况。这种假相关往往是由未被考虑的其他潜在变量所导致。因此，在进行相关分析时，除依据散布图的形态判断外，还应结合专业技术背景进行深入探讨，避免误将假相关当作真实关系。

第十一章　企业管理中统计数据的应用与发展

第一节　数据驱动的统计决策分析

随着大数据技术的崛起和普及，数据驱动的统计决策分析逐渐成为运营管理领域的新宠。这种方法的核心在于通过收集、整合和分析海量的数据，挖掘出数据背后的深层信息，从而为企业提供更为精准、科学的决策支持。数据驱动的统计决策分析不仅能够帮助企业更好地理解市场动态、客户需求和竞争态势，还能够优化资源配置、提高生产效率、降低运营成本，从而增强企业的市场竞争力。

一、数据驱动的统计决策分析方法

（一）数据采集与预处理

数据采集是数据驱动的统计决策分析至关重要的起始步骤。在这一过程中，企业必须全面考虑运营管理的各个方面，确保所收集的数据能够全面反映企业的运营状况。完整性是数据采集的首要原则，任何环节的遗漏都可能导致分析结果的偏差。同时，数据的准确性也是至关重要的，任何错误或误导性的数据都可能对决策产生不良影响。此外，考虑到市场环境的快速变化，数据的时效性也是不容忽视的，只有及时更新的数据才能为企业提供有价值的决策支持。

完成了数据采集之后，接下来便是数据预处理的工作。在数据清洗阶段，企业需要识别和纠正数据中的异常值、缺失值和重复值等问题，以确保数据的准确性和可靠性。数据转换则是将数据从一种格式或结构转换为另一种，以适应后续分析的需要。可能需要将不同来源的数据进行合并，或者将某些指标进行标准化处理，以便进行比较和分析。

经过数据采集与预处理，企业就拥有了高质量的数据基础，为后续的数据驱动的统计决策分析打下了坚实的基础。这些经过精心处理的数据不仅能够帮助企业更好地理解市场动态和客户需求，还能够揭示出隐藏在数据背后的规律和趋势，为企业提供更为精准、科学的决策依据。因此，数据采集与预处理是数据驱动的统计决策分析中不可或缺的重要环节，企业需要高度重视并认真执行这些步骤，以确保后续分析的准确性和有效性。

（二）描述性统计分析

描述性统计分析在数据驱动的统计决策分析中占据着基础且不可或缺的地位。它通过一系列统计指标来描绘和概述数据的特征，为后续的深入分析和决策制定提供了直观的参考。以下是一个基于销售数据的描述性统计分析实例。[①]

假设我们收集了一家电商公司过去一年的销售数据，包括每月的销售数量、销售额以及销售渠道（如官方网站、第三方平台和线下门店）。我们可以通过描述性统计分析来揭示不同产品的销售情况。

对于销售数量，我们可以计算每种产品的月平均销售数量、最高销售数量、最低销售数量以及标准差等指标。某款热门产品的月平均销售数量为10000件，标准差为1500件，这表示该产品的销售数量相对稳定，波动不大。而另一款新产品的月平均销售数量为5000件，但标准差高达3000件，这可能意味着该产品的销售情况波动较大，需要进一步的市场推广和营销策略调整。

在销售额方面，我们可以类似地计算每种产品的月平均销售额、最高销售额、最低销售额以及销售额的离散程度。例如，某高端产品的月平均销售额为50万元，但最高销售额达到了100万元，而最低销售额仅为20万元，这说明该产品的销售额波动较大，可能与市场需求、价格波动等因素有关。

此外，我们还可以对销售渠道进行描述性统计分析。例如，通过计算每种销售渠道的销售额占比、增长率等指标，我们可以了解不同销售渠道的销售效果和趋势。如果某个销售渠道的销售额占比持续上升，而另一个销售渠道的销售额占比不断下降，那么企业可能需要重新评估和调整其销售渠道策略。

通过描述性统计分析，我们可以全面了解销售数据的分布情况、集中趋势和离散程度，为企业制定更合理的产品策略、销售策略和渠道策略提供有力的数据支持。这种基于数据的决策方式能够帮助企业更好地把握市场机遇，降低风险，提升竞争力。

① 马丽．统计决策的常用方法研究[J]．产业创新研究，2022（10）：161.

（三）推断性统计分析

推断性统计分析在数据驱动的统计决策分析中扮演着至关重要的角色，它利用统计方法和模型对总体参数进行估计和推断。

回归分析是一种常用的推断性统计分析方法，它通过建立因变量和自变量之间的关系模型，预测因变量的取值或揭示变量之间的相关关系。在运营管理中，回归分析可以帮助企业预测销售额、成本、市场需求等关键指标，从而指导企业制定更精准的运营策略。

方差分析是另一种重要的推断性统计分析方法，它用于研究不同来源的变异对总变异的贡献大小，从而分析各因素对目标变量的影响程度。在运营管理中，方差分析可以用于评估不同生产线、不同员工或不同供应商对产品质量的影响，进而优化生产流程、提升产品质量和降低成本。

协方差分析是一种结合了回归分析和方差分析特点的推断性统计分析方法，它用于研究两个或多个变量之间的关系以及这些变量之间的交互作用。在运营管理中，协方差分析可以帮助企业分析不同因素之间的相互影响，如市场需求、生产成本和销售渠道之间的相互作用，从而制定更加全面和有效的运营策略。通过推断性统计分析，企业可以从数据中挖掘出更多有价值的信息，为决策提供更为科学和准确的依据。

（四）预测与决策分析

预测与决策分析是数据驱动的统计决策分析中的关键环节，它基于历史数据和统计模型，对未来趋势进行精准预测，并根据预测结果指导企业制订有效的决策方案。在实际应用中，这通常涉及时间序列分析和机器学习等先进方法的应用。

以一家零售企业为例，该企业拥有多年的销售数据，包括每日、每周、每月的销售额、销售量、库存量等指标。为了预测未来几个月的销售趋势，企业可以采用时间序列分析方法，如移动平均法、指数平滑法或ARIMA模型等，对历史销售数据进行拟合和预测。通过时间序列分析，企业可以识别出销售数据中的周期性、趋势性和季节性等特征，并据此预测未来的销售情况。

在得到销售预测结果后，企业需要进行决策分析，制订相应的决策方案。如果预测结果显示未来几个月的销售额将大幅增长，企业可能需要采取增加库存量、提高生产能力或优化供应链管理等措施，以满足市场需求并抓住发展机会。反之，如果预测结果显示销售额将下降，企业则需要考虑减少库存、降低成本或调整销售策略等策略，以应对市场变化。

二、运营管理中数据驱动的统计决策分析的应用

（一）库存管理

在运营管理中，库存管理是一个至关重要的环节。通过数据驱动的统计决策分析，企业能够更精准地管理库存，确保库存水平既不过高也不过低。企业可以对历史销售数据进行深入分析，识别出销售模式中的季节性、周期性或趋势性特点。通过时间序列分析等方法，企业可以预测未来一段时间内的销售趋势，从而预测出相应的库存需求。

基于预测的库存需求，企业可以制定合理的库存策略。当预测到未来需求将大幅增加时，企业可以提前增加库存量，以避免因缺货而导致的销售损失。相反，如果预测到需求将下降时，企业则可以相应地减少库存，避免库存积压和资金占用。这种动态的库存管理方式能够使企业保持较低的库存成本，同时又能满足市场需求。

数据驱动的统计决策分析还能帮助企业监控库存的实际运作情况。通过实时追踪库存数据，企业可以及时发现库存异常或风险，并采取相应的措施进行调整。当库存量低于安全库存水平时，企业可以立即启动补货流程，以确保库存量能够满足市场需求。同时，企业还可以通过定期分析库存周转率、库存成本等指标，评估库存管理的效果，并不断优化库存策略。

（二）生产计划

基于市场需求和生产能力的数据，优化生产计划，提高生产效率，降低生产成本。在运营管理中，生产计划是确保企业高效运作的关键环节。通过数据驱动的统计决策分析，企业可以基于市场需求和生产能力的数据来优化生产计划，从而提高生产效率并降低生产成本。

企业还需要考虑自身的生产能力，包括设备状况、工人技能和生产效率等。通过评估和分析生产能力的数据，企业可以确定自身能够承担的最大生产量，并

据此制订合理的生产计划。同时，企业还可以根据生产能力的实际情况，灵活调整生产计划，确保生产过程顺利进行。

通过数据驱动的统计决策分析，企业可以不断优化生产计划中的瓶颈和浪费现象，并采取相应的措施进行改进。此外，企业还可以利用机器学习等先进技术对生产计划进行预测和优化，进一步提高生产效率和降低生产成本。通过不断优化生产计划，企业可以在激烈的市场竞争中保持领先地位。

（三）质量控制

在运营管理中，质量控制是确保产品满足标准、提升客户满意度的关键环节。数据驱动的统计决策分析为质量控制提供了强大的工具和方法。

质量控制的第一步是利用统计方法对产品生产过程进行实时监控。通过对关键质量指标（如尺寸、性能、耐用性等）的连续测量和记录，企业可以绘制出趋势图、直方图等统计图表，直观地展现产品质量的波动情况。一旦发现数据异常或偏离预设标准，企业便能迅速定位问题，及时采取纠正措施。

数据驱动的统计决策分析可以帮助企业分析出现产品质量问题的根本原因。通过收集和分析生产过程中的各项数据，如设备状态、工艺参数、原材料质量等，企业可以运用因果分析、相关性分析等统计技术，找出影响产品质量的关键因素。这不仅有助于企业从根本上解决质量问题，还能预防类似问题再次发生。

数据驱动的统计决策分析在质量控制中发挥着不断改进的作用。通过定期评估产品质量和客户反馈数据，企业可以了解产品质量的现状和提升空间。基于这些数据，企业可以制定针对性的改进措施，如优化生产工艺、提高设备精度、加强员工培训等，从而不断提升产品质量和客户满意度。这种持续改进的过程能够使企业在市场竞争中保持领先地位，赢得客户的信任和忠诚。

（四）风险管理

在复杂多变的商业环境中，风险管理是企业稳健运营的关键，数据驱动的统计决策分析为风险管理提供了有力的支持。

在风险管理的实践中，企业需要先利用统计方法对企业运营过程中可能出现的风险进行全面识别和量化。这包括对历史数据进行分析，以识别潜在的风险点；同时，利用预测模型对未来可能出现的风险进行预测和评估。通过这一过程，企业能够清晰地了解自身面临的风险的类型和程度，为制定风险应对策略提供依据。

数据驱动的统计决策分析在风险管理中还发挥着持续监控和改进的作用。企业需要定期评估风险应对策略的有效性，并根据新的数据和情况调整策略。同时，企业还需要建立风险预警机制，及时发现新的风险点。

总之，数据驱动的统计决策分析在运营管理领域展现出了其独特的优势，为企业提供了更为科学、精准的决策支持。通过对历史数据的深入分析，企业能够洞察市场趋势，优化库存管理、生产计划和质量控制，从而有效降低风险并提高运营效率。这种基于数据的决策方式不仅提高了企业的竞争力，还为企业的长期发展奠定了坚实的基础。

第二节　企业管理中统计数据分析的应用

一、统计数据分析的实际应用方法

（一）科学制定统计模式与操作流程

企业在经营管理中应用统计数据分析方法时，首先应结合自身发展特点，合理运用统计学理论，科学构建系统化的统计操作与执行模式。该流程应具备较高的科学性、合理性和实用性，因此，企业统计部门应建立健全部门考核机制，制定并落实从业人员激励与奖惩制度。同时，相关部门需统筹企业整体效益与统计部门的绩效管理，通过合理的奖励机制配置岗位人员，增强员工的责任意识，激发工作积极性。

在惩罚机制方面，应针对统计工作中可能出现的造假、错报、漏报等问题，明确相应的问责与处罚规则。企业领导在决策过程中应深入调研各项统计事务，严格核查失误产生的原因，确保统计数据的真实性与准确性。

此外，随着信息化进程不断加快和网络技术的广泛应用，企业应积极将信息化理念融入统计管理工作。统计人员可借助网络与信息技术开展数据收集、处理与分析工作，为企业管理者提供更为精准和及时的数据支持，提升决策的科学性和有效性。

（二）构建完善的数据统计分析系统

企业在日常运营管理中实施数据统计分析，必须构建完整且高效的数据统计分析系统，以确保数据分析工作的质量和效率。在当前市场环境迅速变化的背景下，企业应立足自身实际，建立符合发展需要的数据分析体系。例如，可构建专门的数据分析系统，直接服务于产品规划与战略发展，同时也可应用于员工绩效考评，通过对统计数据的分析结果实现对员工行为的激励和约束。

企业的产品销售数据通常来源于结算清单等原始凭证，因此统计系统需具备完善的原始数据存储功能，为后续分析提供可靠依据。为全面提升产品质量，应准确统计原料使用情况、各批次产品的质量表现，并结合客户类型与产品类别对台账进行精细化管理和汇总，将相关价格与质量数据录入统计分析系统。通过系统化处理与分析，最终实现数据驱动决策，提升企业经济效益与市场竞争力。

（三）整合信息化系统以实现优化排产

生产经营作为企业持续运营的核心环节，需综合多方面因素制订科学计划。借助生产经营统计数据，企业可对信息化系统进行整合与排产优化，从而全面分析运营管理中所涉及的各类数据，包括原材料采购、设备运行、加工制造等环节的投入、产出及实际使用状况，深入研判企业盈亏情况，辅助制订更完善的生产作业计划。

通过对材料、设备及生产加工等排产系统进行整合与动态优化，并依托实时数据构建预测模型，企业能够探索节能降耗、提升效率的有效途径，有效降低运营成本。此外，制定科学的生产方案有助于企业精准掌握设备状态，实施精细化管理与合理调度，从而优化资源配置，提高资金利用效率，最终实现社会与经济效益的最大化。

二、统计数据分析应用的注意事项

在企业管理中，统计数据分析作为一项重要的决策支持工具，其应用过程需注意以下事项，以确保分析结果的准确性和有效性。

（一）明确数据统计责任人

数据统计的准确性是统计数据分析的前提和基础。基于原始数据，企业开展统计数据分析工作，一旦数据自身出现偏差，就会形成错误的分析结论和引导，导致最终分析结果缺乏时效性和可靠性。因此，在企业管理中，对于统计数据分析工作有着严格的要求标准。为了确保数据的准确性和可靠性，企业应明确数据统计的责任人，负责数据的收集、整理和录入工作。同时，在实际分析过程中，应及时修改数据以保障其规范性，但在此过程中必须注意保持数据的准确性不变，以确保其真实性。数据统计责任人应具备专业的数据统计知识和技能，能够熟练掌握数据统计的方法和技巧，确保数据的准确性和完整性。

（二）明确统计分析实施的目标

在进行统计数据分析之前，必须明确分析实施的目标和目的。在实际工作中，统计数据分析的目的主要表现为两个方面：一是及时获得企业当期的报表数据，了解企业的运营状况和财务状况；二是利用相关数据深入了解企业的实际发展情况，为企业的决策和发展提供有力的数据支持。

然而，仅仅依靠企业数据报表是难以有效辨析企业资金运行情况的。因此，在统计数据分析过程中，除了对报表数据进行深入分析外，还需要结合企业的实际情况和市场环境，对分析结果进行综合判断和评估，以确保结论的有效性。在这一过程中，企业领导应专注于把握分析报告中的核心结论与关键风险点，从宏观层面理解企业资金的整体状况与潜在问题，为其战略部署和重大决策提供方向性依据。由于日常管理事务繁忙，管理者难以深入每一个数据细节，因此更需要清晰、精炼的信息输入。而具体执行决策的人员（如财务或战略部门负责人），则需投入更多时间，对报表数据进行深入剖析与甄别，识别可能存在的偏差或异常，并结合实际业务动态进行解读。他们应在完成分析后，及时将提炼后的结果、可行建议及风险提示向统计负责人或高层汇报，从而为企业的战略制定和经营决策提供扎实、可靠的数据支持。

综上所述，企业财务管理工作中数据统计分析发挥的作用是非常重要的。随着时代的进步，企业逐步构建现代化企业管理制度，自身管理水平不断提高，但统计数据分析还存在一些问题。因而，企业管理中要正确认识统计数据分析工作的作用，合理制定并维护统计管理机制，全面提高统计数据分析工作水平，为企业实现可持续发展目标提供保障。

第三节　统计数据质量推动企业发展的思考

近年来，统计数据的应用越来越广泛，在企业发展的进程中处于重要地位。因此，统计数据的质量就必须有保障。统计工作的中心任务和根本职责就是保证数据的真实性和可靠性，以法治为保障，以制度为规范，以大数据等现代化信息技术手段为支撑，建立起提高统计数据质量的长效机制势在必行。①这对于我国企业来说，既是对自身数据输出的一种约束，也为所使用数据的真实性打下坚实的基础，为企业决策提供依据。根据统计数据存在的质量问题，本书提出以下几个建议。

一、统一企业统计指标及其计算方法，完善相关制度

企业在管理运营中对于统计数据的需求具有多样性和特异性，因此，明确自身需求并量身定制统计数据显得尤为重要。为了确保统计数据的准确性、可靠性和有效性，企业需采取一系列措施来完善数据统计工作。

首先，企业应统计自身的各项指标，这是了解企业运营状况的基础。根据自身实际情况，企业应制定出合理的统计标准和各项指标的统计方法。这些标准和方法一旦制定，就必须严格执行，不得随意更改，以确保统计数据的连贯性和可比性。同时，企业还应定期对统计标准进行审视和调整，以适应市场环境和企业发展的变化。

其次，企业可以建立明确的责任管理制度，将统计工作的具体责任划分到不同的部门。通过实行绩效管理方式，企业可以激励各部门积极参与统计工作，提高数据的质量和准确性。各部门之间应相互协调、密切配合，确保统计工作的顺利进行。此外，企业还应加强对统计人员的培训和管理，提高他们的专业素养和责任心。

再次，企业必须杜绝二套账现象，确保统计数据的真实性和可靠性。对于政府统计部门对其各类统计数据的报送时间、内容等，企业应作出严格审查，确保数据的准确性和合规性。同时，企业还应建立完整的台账制度，对原始数据进行妥善保管，以便随时进行核查和验证。

最后，转变统计工作人员的思想观念也是至关重要的。统计数据不仅仅是为

① 章立美．统计数据质量对企业管理的重要性研究 [J]. 改革与开放，2020（16）：22.

了应付上级的要求，更是为了让企业了解自己的现状并进行良好的决策。因此，统计工作人员应树立正确的统计观念，以实事求是的态度对待统计工作，确保数据的真实性和客观性。同时，企业还应加强对统计工作的宣传和教育，提高全体员工对统计工作重要性的认识和支持度。

二、提高统计人员的素质水平，推动统计工作专业化、团队化

在企业管理中，统计数据作为决策的重要依据，其准确性、及时性和完整性至关重要。然而，统计数据的失真问题却时有发生，这在很大程度上是一线统计人员的素质参差不齐、对业务不熟悉所造成的。因此，提高企业统计人员的素质水平，推动统计工作专业化、团队化发展，成为企业加强数据管理、提升决策质量的关键。

首先，要从思想上认识到统计工作的重要性。统计工作不仅仅是数据的收集和整理，更是对企业运营状况的全面反映和深入分析。准确的统计数据能够为企业决策提供有力的支持，而失真的数据则可能导致决策失误，给企业带来不可估量的损失。因此，企业领导层应高度重视统计工作，将其视为企业管理的重要组成部分，并通过各种方式向一线统计人员传达这一理念，增强他们对统计工作的责任感和使命感。

其次，要开展专门的培训，提升统计人员的专业素养。对于业务不熟悉的人员，企业应组织技能和知识的学习，通过专家讲座、在线课程、实操演练等多种形式，帮助他们掌握统计工作的基本方法和技巧。同时，企业还应鼓励统计人员参加行业内的交流活动，与同行分享经验、交流心得，取长补短，不断提升自己的专业水平。此外，企业还可以建立统计人员考核机制，将培训成绩、工作表现与绩效考核挂钩，激励统计人员积极学习、不断进步。

在提升个人素质的同时，良好的数据统计还离不开团队合作。企业可以引进专业人才，组建专业的统计团队，明确团队成员的职责和分工，形成合力，共同推动统计工作的顺利开展。统计团队应具备较强的专业素养和团队意识，成员之间要相互支持、密切配合，共同应对统计工作中遇到的各种问题和挑战。同时，企业还应加强对统计团队的管理和指导，定期召开统计团队会议，总结工作经验，分析存在问题，提出改进措施，不断提升统计团队的整体素质和战斗力。

三、提高数据统计的法律意识，加强法律执行力

在数据统计过程中，人为干扰是一个不容忽视的问题。有的单位领导对数据统计法律意识淡薄，没有正确认识到统计数据质量的重要性，导致数据的失真情况严重。为了解决这个问题，企业必须提高数据统计的法律意识，加强法律执行力。

一方面，要积极宣传统计工作的基础性和重要性。数据失真将会对企业决策产生误导，甚至可能导致企业陷入困境。因此，企业应加强对《中华人民共和国统计法》（以下简称统计法）的宣传和教育，让统计者和管理者深刻认识到统计数据质量的重要性，以及弄虚作假所带来的严重后果。同时，企业还应通过内部刊物、宣传栏、网络平台等多种渠道，普及统计法律知识，提高全体员工的法律意识。

另一方面，要加强法律的执行力，对违反统计法的企业和相关人员进行严厉惩处。企业应建立健全统计法律制度，明确统计数据的收集、整理、分析和报告等各个环节的法律责任，确保统计工作的规范化和法治化。对于弄虚作假、篡改数据等违法行为，应依法追究相关人员的法律责任，形成有效的震慑。

此外，企业还应在源头上保证统计数据的独立性，保障统计部门独立调查、独立上报、独立进行监督的职能。统计部门应作为企业的独立机构，不受其他部门的干扰和影响，独立开展统计工作，确保数据的真实性和准确性。

四、利用大数据推动数据统计工作的开展

随着大数据时代的到来，数据统计工作面临着新的机遇和挑战。大数据为我们提供了海量的数据资源，为数据统计工作提供了更多的可能性和发展方向。然而，大数据并不能完全代替传统的数据统计方法，而是需要与传统方法相结合，共同推动数据统计工作的深入开展。

一方面，企业可以利用大数据对统计数据质量进行抽查和监控。通过大数据技术手段，企业可以对统计数据进行实时分析和比对，及时发现数据中存在的问题和异常，一旦发现严重偏差，可立即启动预警机制，并对其数据流程进行前置介入与干预，确保数据的准确性和可靠性。同时，企业还可以建立数据统计质量评估体系，对统计数据的质量定期进行评估和反馈，不断提高数据统计的质量和水平。

另一方面，企业应积极学习新生事物，适应新的环境，利用大数据推动数据统计工作的创新和发展。企业可以购置先进的信息设备，建立信息化网络，方便数据的获取和统计。通过信息化手段，企业可以实现数据的实时采集、处理和分析，提高统计数据的准确度和时效性。同时，企业还可以利用大数据技术进行数据挖掘和分析，发现数据背后的规律和趋势，为企业的决策和发展提供有力的支持。

总之，提高统计数据的质量是一个漫长而复杂的过程，需要从各个方面进行改善。统计数据的误差，甚至虚假处理，都会对企业造成影响，这种影响短期内可能并不明显，但是长此以往，将会阻碍企业的长期发展。提高统计数据的质量不仅是我国工作人员的素质体现，也是经济健康发展的保证。因此，企业必须十分重视统计数据的真实性和准确性，使统计数据更好地为自身服务。

第四节　市场经济条件下企业统计工作数字化转型

一、强化统计人才队伍建设

提升企业统计工作质量，关键在于加强统计人才队伍建设。企业应当从以下几个方面着手：

一是要加大对现有统计人员的培养培训力度，持续提高他们的专业水平和职业操守。可定期选派骨干统计人员参加政府部门和行业协会组织的专业培训班，拓宽理论知识面，掌握先进统计分析方法。同时，在企业内部也要建立定期的业务学习、案例研讨等机制，创造统计人员互相交流的机会。

二是企业应建立科学合理的统计人员职级晋升体系，为优秀统计人才提供充分的发展空间和应有的物质激励，提高队伍的稳定性。可以建立统计人员职业发展“双通道”，既重视专业技能提升，也重视综合管理能力，使每一位统计人员都有明确的职业发展路径。

三是企业还可适度引入社会化职业统计师人才，为传统统计队伍补充新鲜血液。这些职业化的统计专家不仅具备扎实的理论功底，更有丰富的实战经验，能为企业统计工作带来新的活力和思路。

二、健全统计管理制度

为解决统计工作流程缺乏规范的问题，企业亟须建立健全统计管理制度，对统计全过程进行系统化、规范化管理。

一是需要制定统一的企业统计管理制度，明确统计流程各个环节的具体操作规范和标准，确保统计口径统一、标准一致。制度应当覆盖数据采集、数据审核、统计分析、统计报送等整个工作链条，细化每一个环节需要遵循的原则、方法和要求，做到有据可依、有章可循。

二是在制度中应当设置统计工作质量控制和审核把关机制。可以制定统计数据抽查复核制度，对重点领域和关键指标的统计结果定期或不定期进行抽查，及时发现并纠正统计过程中的偏差。同时也要加强对统计人员和管理人员的质量意识教育，增强合规意识。

三是统计管理制度中应当涵盖统计工作的绩效考核和责任追究机制。要将统计工作的质量和效率与部门和个人的薪酬绩效挂钩，对统计质量不合格的工作实行追责问责，形成有力的约束机制，推动统计工作严格按照制度规范执行。

三、不断优化统计指标体系

针对当前企业统计指标设置存在滞后性、冗余性等问题，优化统计指标体系势在必行。企业可从以下几个方面入手。

一是要根据内外部环境的新变化，定期对统计指标体系进行修订评估。要紧密围绕企业发展战略，全面梳理现有指标，剔除那些已经失去参考价值的陈旧指标，同时增加反映市场最新发展趋势和管理需求的新兴指标，保持体系与时俱进。

二是要按照“系统性、科学性、简练性”原则优化指标设置。统计指标需要相互衔接、有机统一，反映企业全貌。同时，指标的设置要充分考虑与国家统计口径和行业标准的衔接度，方便上下级和横向对标。

三是要遵循“管理何事、统计何事”的原理，对非核心指标要大幅精简，集中有限资源关注核心指标。

四是指标的优化修订需要建立常态化机制。可以定期组织专家评审会，邀请内外部专家和各相关部门人员参与，广泛征求意见建议。也可设立指标体系监测评估小组，跟踪指标体系运行情况，及时提出调整方案。同时要加强与国家统计部门及相关行业协会的对接沟通，及时吸纳最新指标动态。

四、积极探索新兴技术应用

在推进企业统计工作数字化转型的过程中，企业还应发散思维，积极探索新兴技术在统计工作中的应用前景和路径。

一是可利用大数据分析技术，实现对海量统计数据的高效处理和深层次挖掘，通过构建统一的数据体系提供有力支撑。

二是企业可尝试融入人工智能技术，提升统计工作的智能化水平。例如，可以尝试应用自然语言处理技术，实现对非结构化数据的智能提取和分析；也可运用机器学习算法，自动识别统计数据异常点和潜在风险点，大幅提高预警效率。

三是云计算、物联网等新兴技术在统计工作中也有广阔的应用空间。例如，可借助云计算实现跨地域的协同统计，突破传统的地域限制；也可基于物联网技术，对生产过程实现全程数字化追踪，为精细化统计奠定基础。当然，新技术的应用并非一蹴而就，需要企业持续投入人力物力，勇于创新。在实践探索中，还应注重与高校、科研机构等外部力量的密切合作，整合各方智力资源，形成合力推动统计工作数字化转型。

参考文献

一、著作类

[1] 蔡世刚 . 企业管理 [M]. 西安：西安交通大学出版社，2016.

[2] 邓莎莎，王晓琳 . 现代企业管理 [M]. 北京：北京交通大学出版社，2016.

[3] 杜金富 . 金融市场学（第 3 版）[M]. 北京：中国金融出版社，2018.

[4] 胡希宁 . 现代经济学理论 [M]. 北京：研究出版社，2010.

[5] 贾顺平 . 交通运输经济学（第 3 版）[M]. 北京：人民交通出版社股份有限公司，2019.

[6] 蒋平，刘梅 . 财务管理 [M]. 上海：立信会计出版社，2019.

[7] 雷思友，刘伟 . 统计学 [M]. 徐州：中国矿业大学出版社，2017.

[8] 李贺，相飞，王晓佳 . 统计学 [M]. 上海：上海财经大学出版社，2019.

[9] 李洁明，祁新娥 . 统计学原理 [M]. 上海：复旦大学出版社，2021.

[10] 李锡玲，杨艳芳，王晓芳 . 经济学原理 [M]. 北京：北京邮电大学出版社，2012.

[11] 刘芳 . 企业管理 [M]. 合肥：合肥工业大学出版社，2010.

[12] 刘红忠，卢华 . 金融市场与机构 [M]. 上海：复旦大学出版社，2019.

[13] 刘南，汪浩 . 交通运输管理 [M]. 杭州：浙江大学出版社，2019.

[14] 刘秋华 . 企业管理 [M]. 大连：东北财经大学出版社，2009.

[15] 刘胜军 . 企业财务管理 [M]. 哈尔滨：哈尔滨工程大学出版社，2015.

[16] 刘素军 . 现代企业管理 [M]. 青岛：中国海洋大学出版社，2019.

[17] 吕建军，黄宏武 . 经济学原理 [M]. 广州：华南理工大学出版社，2015.

[18] 孟习贞，田松青 . 经济发展解读 [M]. 扬州：广陵书社，2019.

[19] 苗德宏，蔡光荣 . 现代企业管理 [M]. 广州：广东高等教育出版社，2016.

[20] 祁敬宇 . 金融监管学 [M]. 西安：西安交通大学出版社，2013.

[21] 申兆光 . 经济学原理 [M]. 广州：华南理工大学出版社，2013.

[22] 孙婷 . 经济学原理 [M]. 成都：西南交通大学出版社，2013.

[23] 王其和 . 现代企业管理 [M]. 武汉：武汉大学出版社，2013.

[24] 许艳芬，王志伟 . 现代企业管理 [M]. 上海：上海交通大学出版社，2014.

[25] 中国人民银行郑州培训学院 . 新经济新金融导论 [M]. 北京：中国金融出版社，2019.

二、期刊类

[1] 安玲 . 新时代交通运输经济发展思考 [J]. 当代县域经济，2023（05）：76–78.

[2] 崔洁 . 交通运输经济中的筹资模式创新 [J]. 中国航务周刊，2024（29）：69–71.

[3] 陈华，边玉晶 . 共享金融的发展路径 [J]. 企业管理，2016，（08）：119–121.

[4] 董啸天，张梦冉 . 共享金融：国内外述评、发展演变与最新进展 [J]. 理论学刊，2016（06）：81–85.

[5] 巩明磊 . 统计方法在企业管理中的应用研究 [J]. 中国乡镇企业会计，2013（03）：90–91.

[6] 顾佳丽，赵丹丹，徐雨悦，等 . 企业人力资源管理创新策略 [J]. 合作经济与科技，2023（18）：106–108.

[7] 何瑞琴 . 绿色金融对绿色经济效率的影响探析 [J]. 质量与市场，2023（12）：46–48.

[8] 和晒琴 . 浅析统计工作对经济发展的促进作用 [J]. 市场瞭望，2023（18）：63–65.

[9] 胡敏 . 扎实推进中国经济高质量发展 [J]. 人民论坛，2023，（24）：48–51.

[10] 黄婕怡 . 中国经济高质量发展特征与影响因素分析 [J]. 产业创新研究，2024，（02）：11–13.

[11] 黄娟 . 探讨如何实现金融与经济良性互动 [J]. 现代经济信息，2020（13）：134–135.

[12] 江润城 . 数字金融时代下的金融监管体系重构与治理创新 [J]. 时代金融，2023（10）：93–95.

[13] 孔小伟 . 我国互联网金融发展问题探析 [J]. 中外企业家，2020（15）：107.

[14] 李付营 . 企业财务管理信息化建设分析 [J]. 改革与开放，2010（16）：78–79.

[15] 李红 .ERP 在物资管理中的应用分析 [J]. 经济研究导刊，2021（17）：153–155.

[16] 李亚男 . 共享金融的发展模式和对策研究 [J]. 品牌研究，2019（15）：32–34.

[17] 林永生 . 中国经济高质量发展面临的新挑战与新任务 [J]. 国家治理，2023（01）：40–44.

[18] 刘英 . 浅析互联网经济下的互联网金融 [J]. 财会学习，2019（07）：213–214.

[19] 陆靖文 . 绿色金融促进绿色经济高质量发展研究路径分析 [J]. 中国中小企业，

2022（09）：215-217.

[20] 马丽．统计决策的常用方法研究 [J]. 产业创新研究，2022（10）：160-162.

[21] 曲婷婷．实现金融经济与实体经济良性互动的路径研究 [J]. 中国集体经济，2024（06）：37-40.

[22] 施剑东．低碳环境下道路运输经济发展的策略研究 [J]. 西部交通科技，2024（05）：223-224.

[23] 宋欣欣．我国互联网金融发展探析 [J]. 科技创业月刊，2023，36（03）：132-134.

[24] 宋秀芬 .ERP 系统在物资管理中的意义 [J]. 全国流通经济，2018（35）：19-22.

[25] 孙法强．如何加强道路运输车辆技术管理 [J]. 汽车维修与保养 ,2024（06）：65-66.

[26] 孙新安．经济新常态下的交通运输经济管理分析 [J]. 中国航务周刊，2024(23)：51-53.

[27] 王进．市场经济条件下企业统计工作数字化转型 [J]. 老字号品牌营销，2024，（16）：136-138.

[28] 王俊，赵国锋．我国互联网金融发展及其监管问题探析 [J]. 改革与战略，2017，33（03）：72-75.

[29] 王振贤．库兹涅茨的经济增长理论 [J]. 中共天津市委党校学报，2001（03）：52-55.

[30] 魏海建．运营管理中数据驱动的统计决策分析 [J]. 老字号品牌营销，2024(13)：78-80.

[31] 辛丽荣．统计数据分析在企业管理中的应用 [J]. 现代经济信息，2019（24）：88.

[32] 熊虎，金桃，罗银浪．数字经济时代数字金融的发展与风险管理研究 [J]. 金融科技时代，2023，31（11）：47-52.

[33] 徐玖玖．协调与合作：我国金融监管模式选择的重估 [J]. 现代经济探讨，2018（11）：35-41.

[34] 杨涛，姚余栋．新经济时代的共享金融理论与实践创新 [J]. 浙江经济，2015（19）：32-34.

[35] 余淼杰．理解中国经济高质量发展 [J]. 中山大学学报（社会科学版），2024，64（01）：1-12.

[36] 袁琳 . 互联网金融的运作模式与发展趋势探析 [J]. 商展经济，2023（03）：110–112.
[37] 张锋 . 企业人力资源管理中的薪酬管理创新策略 [J]. 营销界，2021（26）：122–123.
[38] 章立美 . 统计数据质量对企业管理的重要性研究 [J]. 改革与开放，2020（16）：22–25.
[39] 张雯惠 . 数字经济时代下数字金融的发展趋势与机遇 [J]. 老字号品牌营销，2023（21）：45–47.
[40] 朱广印，王思敏 . 绿色金融对绿色经济效率的影响研究 [J]. 金融理论与实践，2022（04）：29–40.
[41] 邹琼 . 企业财务管理信息化建设存在的问题及优化措施探究 [J]. 商讯，2022（23）：81–84.